『英検5級　集中ゼミ』合格応援シート

英検受験への 3ステップ

持ち物リスト
- ☐ 受験票（個人受験の場合のみ）
- ☐ 筆記用具（HBの鉛筆または
- シャープペンシル・消しゴム）
- ☐ 上履き（必要な会場のみ）
- ☐ 腕時計（携帯電話の使用は×）
- ☐
- ☐
- ☐

ステップ 1　試験前日

① 当日の持ち物を準備しよう
② 試験会場への行き方を確認しておこう
③ 万全の状態で本番に臨めるよう，前の晩は早く寝よう

ステップ 2　試験当日

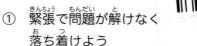

① 緊張で問題が解けなく□□□□□□落ち着けよう
② わからなくてもすべての問題にマークしよう
③ 最後にマークのし忘れ，マークミスがないかを確認しよう

ステップ 3　終わったら…

① 帰るときは忘れ物をしないように気をつけよう
② 英検ウェブサイトで解答が発表されたら，自己採点をしよう
③ 合格したら次の級にチャレンジしよう

このシートの使い方

このシートはミシン目に沿って切り離せるよ。次の3つの中から，好きな使い方で活用してね！

使い方 1
本に書き込むとき，下敷きとして使える！

使い方 2
練習問題を解くとき，解答・解説が隠せる！

使い方 3
試験直前に重要ポイントが復習できる！

英検5級 重要単語

英検5級によく出る単語を集めたよ！ 試験直前までこの下敷きで復習しよう！

疑問詞

What	何	Who	だれ
Where	どこに	Whose	だれの
How	どうやって, どれくらい	Why	なぜ
When	いつ	Which	どちら

月

January	1月	July	7月
February	2月	August	8月
March	3月	September	9月
April	4月	October	10月
May	5月	November	11月
June	6月	December	12月

曜日

Monday	月曜日	Friday	金曜日
Tuesday	火曜日	Saturday	土曜日
Wednesday	水曜日	Sunday	日曜日
Thursday	木曜日		

人称代名詞

	主格（〜は）	所有格（〜の）	目的格（〜を）	所有代名詞（〜のもの）
私	I	my	me	mine
あなた, あなたたち	you	your	you	yours
彼	he	his	him	his
彼女	she	her	her	hers
それ	it	its	it	—
私たち	we	our	us	ours
彼ら, それら	they	their	them	theirs

学ぶ人は、
変えて
ゆく人だ。

目の前にある問題はもちろん、

人生の問いや、社会の課題を自ら見つけ、

挑み続けるために、人は学ぶ。

「学び」で、少しずつ世界は変えてゆける。

いつでも、どこでも、誰でも、

学ぶことができる世の中へ。

旺文社

DAILY **2** 週間

英検®5級
集中ゼミ

[3訂版]

英検® は、公益財団法人 日本英語検定協会の登録商標です。
このコンテンツは、公益財団法人 日本英語検定協会の承認や推奨、その他の検討を受けたものではありません。

旺文社

は じ め に

英検の試験まで，あと何日ですか？
試験突破のためには，試験本番までの学習計画をしっかり立てることが大事です。

　本書は，2週間で英検5級の試験突破を目指す問題集です。1日に取り組む範囲がきっちり決まっているので，学習計画が立てやすくなっています。最終日の模擬テストをのぞき，1日に必要な時間は30分程度。毎日の生活の中で，無理なく英検対策ができます。

　みなさんが，この本を手に取った今日が「集中ゼミ」のスタートです。これから始まる2週間の学習のイメージができあがったら，早速，1日目の学習に取り組みましょう！

　最後に，本書を刊行するにあたり，多大なご尽力をいただきました東京学芸大学粕谷恭子先生に深く感謝の意を表します。

旺 文 社

執　　　　筆：粕谷 恭子
編 集 協 力：株式会社 カルチャー・プロ，みけ みわ子，Jason A. Chau
装丁デザイン：内津 剛（及川真咲デザイン事務所）
本文デザイン：株式会社 ME TIME（大貫 としみ）
イ ラ ス ト：朝日メディアインターナショナル株式会社，
　　　　　　　細田 あすか，佐藤 修一，峰村 友美
組　　　　版：朝日メディアインターナショナル株式会社
録　　　　音：ユニバ合同会社
ナレーション：Jack Merluzzi，Julia Yermakov，大武 芙由美

もくじ

筆記編

リスニング編

本書の構成と利用法

本書は，英検5級に合格するために必要な力を14日間で身につけられるように構成されています。

\赤セルシート付き/
暗記に使える赤セルシートが付いています。ポイントとなる重要事項を覚えたり，解説中の訳や解答を隠して学習する際にお使いください。

１日目 〜 ７日目 **筆記編** / ８日目 〜 １３日目 リスニング編

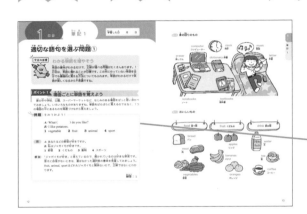

１日の学習は，問題形式ごとに解き方のポイントを解説するページと，そこで学んだことを実践する練習問題のページで構成されています。

例題

実際の試験と同じ形式の問題を使ってポイントを解説します。

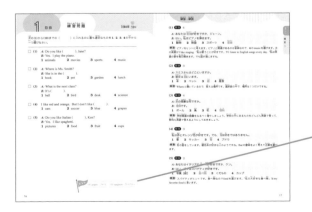

練習問題のページは，問題のすぐ後に解答・解説を掲載しています。間違えた問題のチェックボックス□にマークをして，きちんと復習しましょう。

ヒント

問題が難しいときは，赤セルシートで隠せる下のヒントを参考にしましょう。

4

最終日は総まとめの模擬テストで，本番の試験と同じ所要時間（筆記25分・リスニング約20分）です。時間を計って解いてみましょう。

\ 公式アプリ「学びの友」対応 /

カンタンに自動採点ができ，自分の学習履歴を残すことができます。詳しくは7ページをご覧ください

\ 下敷き「合格応援シート」付き /

さまざまな方法で活用できる下敷きが付いています。切り離してお使いください。

※本書に掲載されている英文の内容は，最新の情報でないものや架空のものを含む場合があります。ご了承ください。

付属サービスについて

リスニングの音声を聞く

●収録内容

付属音声に対応した箇所は，本書では のように示してあります。

8日目	リスニング第1部	例題・アクティビティー・練習問題
9日目	リスニング第1部	例題・アクティビティー・練習問題
10日目	リスニング第2部	例題・アクティビティー・練習問題
11日目	リスニング第2部	例題・アクティビティー・練習問題
12日目	リスニング第3部	例題・アクティビティー・練習問題
13日目	リスニング第3部	例題・アクティビティー・練習問題
14日目	実力完成模擬テスト	リスニング第1部～第3部

公式アプリ「英語の友」（iOS/Android）で聞く

❶「英語の友」公式サイトより，アプリをインストール

> https://eigonotomo.com/　　　Ｑ 英語の友　検索

▶ 右の2次元コードからもアクセスできます。

❷ アプリ内のライブラリより本書を選び，「追加」ボタンをタップ

▶ 本アプリの機能の一部は有料ですが，本書の音声は無料でお聞きいただけます。
▶ 詳しいご利用方法は「英語の友」公式サイト，あるいはアプリ内ヘルプをご参照ください。
▶ 本サービスは予告なく終了することがあります。

パソコンに音声データ（MP3）をダウンロードして聞く

❶ 次のURLにアクセス

https://eiken.obunsha.co.jp/5q/

❷ 本書を選択し，パスワードを入力してWeb特典サイトへ
パスワード： **yurktu** （全て半角アルファベット小文字）

❸ 「音声データダウンロード」からファイルをダウンロードし，展開してからオーディオプレーヤーで再生

音声ファイルはzip形式にまとめられた形でダウンロードされます。展開後，デジタルオーディオプレーヤーなどで再生してください。

▶ 音声の再生にはMP3を再生できる機器などが必要です。
▶ ご利用機器，音声再生ソフト等に関する技術的なご質問は，ハードメーカーまたはソフトメーカーにお願いいたします。
▶ 本サービスは予告なく終了することがあります。

「実力完成模擬テスト」をアプリで学習する

本書14日目の「実力完成模擬テスト」（118ページ）を，公式アプリ「学びの友」でカンタンに自動採点することができます。

- 便利な自動採点機能で学習結果がすぐにわかる
- 学習履歴から間違えた問題を抽出して解き直しができる
- 学習記録カレンダーで自分のがんばりを可視化

❶ 「学びの友」公式サイトより，アプリをインストール

 https://manatomo.obunsha.co.jp/ 学びの友 検索

▶ 右の2次元コードからもアクセスできます。

❷ アプリを起動後，「旺文社まなびID」に会員登録
▶ 会員登録は無料です。

❸ アプリ内のライブラリより本書を選び，「追加」ボタンをタップ

▶ アプリの動作環境については「学びの友」公式サイトをご参照ください。なお，本アプリは無料でご利用いただけます。
▶ 詳しいご利用方法は「学びの友」公式サイト，あるいはアプリ内ヘルプをご参照ください。
▶ 本サービスは予告なく終了することがあります。

英検5級の問題を知ろう

2週間の学習を始める前に，英検5級の問題形式と特徴を把握しておきましょう。5級のレベルの目安は「中学初級程度」です。下の説明とあわせて，実力完成模擬テスト（118ページ〜）で実際の問題形式を見てみましょう。

筆記（25分）

問題	形式	問題数	目標解答時間
1	**適切な語句を選ぶ問題** 短文または会話文の空欄に最もよく当てはまる語句を4つの選択肢から選ぶ問題です。単語や熟語だけでなく，文法に関する問題も出題されます。	15問	10分

→ 筆記1の問題を見てみよう 📖 118〜119ページ

問題	形式	問題数	目標解答時間
2	**適切な会話表現を選ぶ問題** 会話文の空欄に最もふさわしい語句や文を4つの選択肢から選ぶ問題です。質問に対する適切な返答を選ぶ問題，答えに対する適切な質問を選ぶ問題，会話の流れに合った表現を選ぶ問題などが出題されます。	5問	7分

→ 筆記2の問題を見てみよう 📖 120ページ

問題	形式	問題数	目標解答時間
3	**語句を正しく並べかえる問題** 与えられた日本語の意味を表すように，4つの語句を並べかえて英文を完成させ，1番目と3番目にくるものの組み合わせを4つの選択肢から選ぶ問題です。肯定文，否定文，疑問文などの組み立てを中心とした問題が出題されます。	5問	8分

→ 筆記3の問題を見てみよう 📖 121ページ

リスニング（約20分）

問題	形　式	問題数	放送回数
第1部	**会話を完成させる問題** イラストを見ながら英文を聞き，その文に対する応答として最もふさわしいものを，放送される3つの選択肢から選ぶ問題です。会話は友だち同士，家族，店員と客などによるものが主に出題されます。	10問	2回
	➡ リスニング第1部の問題を見てみよう 📖 122〜123ページ		
第2部	**会話の内容を聞き取る問題** 会話を聞き，内容に関する質問の答えを，問題冊子に印刷された4つの選択肢から選ぶ問題です。だれが，何を，いつ，どこで，どのようにしたのかなどを考える疑問文が出題されます。	5問	2回
	➡ リスニング第2部の問題を見てみよう 📖 124ページ		
第3部	**イラストを見て適切な英文を選ぶ問題** イラストを見ながら英文を聞き，その状況を正しく表しているものを，放送される3つの選択肢から選ぶ問題です。曜日や時刻，長さや重さ，値段，天気，職業，動作，場所などを問う問題が出題されます。	10問	2回
	➡ リスニング第3部の問題を見てみよう 📖 124〜125ページ		

英検について

英検®は，公益財団法人 日本英語検定協会が実施する国内最大規模の英語検定試験です。

英検（従来型）申し込み方法

個人受験の申し込み方法は次の3種類から選ぶことができます。

インターネット申し込み	英検ウェブサイトから直接申し込む。検定料は，クレジットカード，コンビニ，郵便局ATMのいずれかで支払う。
コンビニ申し込み	コンビニの情報端末機で必要な情報を入力し，「申込券」が出力されたら検定料をレジで支払う。
特約書店申し込み	全国の英検特約書店で願書を入手し，書店で検定料を支払う。「書店払込証書」と「願書」を英検協会へ郵送。

▶各申し込み方法の詳細については，英検ウェブサイトをご確認ください。また，申し込み方法は変更になる場合があります。

▶個人受験とは異なり，学校や塾などで申し込みをする「団体受験」もあります。詳しくは学校の先生・担当の方にお尋ねください。

 お問い合わせ先

公益財団法人 日本英語検定協会

英検ウェブサイト **www.eiken.or.jp**

英検サービスセンター　03-3266-8311　※平日9：30〜17：00（土・日・祝日を除く）

※本書に掲載されている情報は2023年5月現在のものです。試験に関する情報は変更になる場合がありますので，受験の際は必ず英検ウェブサイトで最新の情報をご確認ください。

筆記編

1日目 ▶ 7日目

筆記編にあたる前半7日間では，英検5級筆記試験の問題形式を1つずつ正確に把握しましょう。

1日ずつ確実に進め，自分が苦手なところはどこなのかを発見しましょう。

適切な語句を選ぶ問題①

今日の目標　わかる単語を増やそう

単語の意味がわかるだけで，正解が選べる問題がたくさんあります。1日目は，単語に慣れることが目標です。この本にのっていない単語を自分でも積極的に覚える方法についてもふれます。単語がわかるだけで英語が楽しくなるから不思議ですね。

ポイント 1　場面ごとに単語を覚えよう

家の中や学校，公園，スーパーマーケットなど，なじみのある場面をぱっと思い浮かべてみましょう。いろいろなものがありますね。単語をばらばらに覚えるのではなく，1つの場面の中にあるものを関連づけながら覚えましょう。

例題をみてみよう！

> *A:* What (　　　　) do you like?
> *B:* I like potatoes.
> **1** vegetable　　**2** fruit　　**3** animal　　**4** sport

訳　*A:* あなたはどの野菜が好きですか。
B: 私はジャガイモが好きです。
1 野菜　　**2** くだもの　　**3** 動物　　**4** スポーツ

解説　「ジャガイモが好き」と答えているので，聞かれているのは好きな野菜です。答えに自信がないときは，選ばなかった選択肢の意味を見直してみましょう。fruit, animal, sportはどれもジャガイモと関係ないので，正解ではないとわかります。

解答：**1**

身の回りのもの

computer
コンピューター

clock
時計

music
音楽

eraser
消しゴム

dictionary 辞書

letter
手紙

notebooks
ノート

textbooks
教科書

おいしいもの

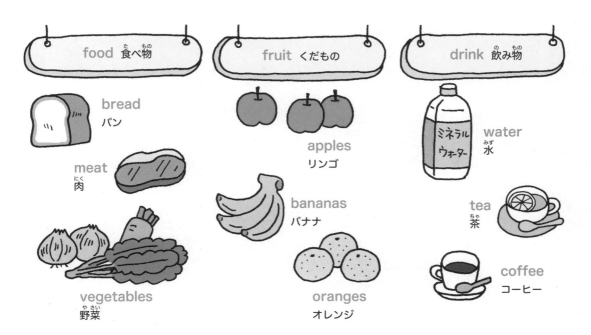

food 食べ物

fruit くだもの

drink 飲み物

bread
パン

meat
肉

apples
リンゴ

water
水

bananas
バナナ

tea
茶

vegetables
野菜

oranges
オレンジ

coffee
コーヒー

単語を覚えるときには，ばらばらに覚えるよりも意味を関連づけながら覚えましょう。ちょうど連想ゲームのように次から次に絵を思い浮かべながら覚えるのです。スポーツ→野球→サッカー→ボールという具合です。

5級では，単語さえわかれば正解を選べる問題がたくさんあります。また，これからもっともっと英語と深く関わっていく中で，単語がわからないと手も足も出ない場面がたくさん出てきます。今からしっかり主体的に取り組んで，わかる単語・言える単語を増やしていきましょう。

例題 をみてみよう！

Mr. Green is a (　　　　). He is busy.
1 number　　**2** school　　**3** month　　**4** driver

訳　グリーンさんは運転手です。彼は忙しいです。
1 数字　**2** 学校　**3** 月　**4** 運転手

解説　Mr. Green is ...で文が始まっているので，グリーンさんがどんな人かを説明している内容だとわかります。また，busy「忙しい」と言っているので，忙しさと関係ありそうな単語が入ることがわかります。答えは職業を表す単語 driver「運転手」ですね。

解答：**4**

ほかに「忙しそうな職業」が思いつきますか。自分が出題者ならどんな選択肢にするかを考えるなどして，関係のある単語を少しずつ覚えていきましょう。自分で語彙を増やしていくために，和英辞典をいつでもひける場所に置いておきましょう。絵辞典も親しみやすいですね。

> 5級では，身の回りの基本的な単語をしっかりおさえることがとても大切だよ！　この本に出てくる単語の中に自信のないものがあったら，14日間の勉強で「自信あり！」と言えるように，何回もその単語が入っている文を聞いたり言ったりしてみよう。

部屋（へや）の中（なか）にあるものを見（み）てみよう

curtain カーテン
desk 机（つくえ）
window 窓（まど）
door ドア
bed ベッド
chair いす

Let's Try! 次（つぎ）の①〜④の単語（たんご）と関（かか）わりの深（ふか）いイラストをア〜エから選（えら）び，線（せん）で結（むす）びましょう。

① family •
② color •
③ animal •
④ sport •

• ア dog, cat, elephant, bird

• イ father, mother, sister, brother

• ウ baseball, soccer, basketball, tennis

• エ red, green, blue, yellow

解答（かいとう）＆訳（やく）

① イ　② エ　③ ア　④ ウ
① 家族（かぞく）—イ　父（ちち），母（はは），姉（あね）［妹（いもうと）］，兄（あに）［弟（おとうと）］
③ 動物（どうぶつ）—ア　犬（いぬ），猫（ねこ），象（ぞう），鳥（とり）
② 色（いろ）—エ　赤（あか），緑（みどり），青（あお），黄色（きいろ）
④ スポーツ—ウ　野球（やきゅう），サッカー，バスケットボール，テニス

次（つぎ）からは練習問題（れんしゅうもんだい）

次の**(1)**から**(10)**までの（　　　　　）に入れるのに最も適切なものを**1**, **2**, **3**, **4**の中から一つ選びなさい。

☐ **(1)** *A:* Do you like (　　　　　), Jane?
　　　 B: Yes. I play the piano.
　　　 1 animals　　　 **2** movies　　　 **3** sports　　　 **4** music

☐ **(2)** *A:* Where is Ms. Smith?
　　　 B: She is in the (　　　　　).
　　　 1 book　　　 **2** pet　　　 **3** garden　　　 **4** lunch

☐ **(3)** *A:* What is the next class?
　　　 B: It's (　　　　　).
　　　 1 ball　　　 **2** bird　　　 **3** desk　　　 **4** science

☐ **(4)** I like red and orange. But I don't like (　　　　　).
　　　 1 cars　　　 **2** soccer　　　 **3** blue　　　 **4** grapes

☐ **(5)** *A:* Do you like Italian (　　　　　), Ken?
　　　 B: Yes. I like spaghetti.
　　　 1 pictures　　　 **2** food　　　 **3** fruit　　　 **4** cups

ヒント　(4) grapes：ブドウ　　(5) spaghetti：スパゲティ

(1) 解答 **4**

A: あなたは音楽が好きですか，ジェーン。
B: はい。私はピアノを弾きます。
1 動物　**2** 映画　**3** スポーツ　**4** 音楽

解説 ピアノをヒントに考えます。ピアノと関連があるのは音楽なので，**4**のmusicを選びます。Bの発言がI like singing.「私は歌うことが好きです」やI listen to English songs every day.「私は英語の歌を毎日聞きます」でも話が通じますね。

(2) 解答 **3**

A: スミスさんはどこにいますか。
B: 彼女は庭にいます。
1 本　**2** ペット　**3** 庭　**4** 昼食

解説 Whereと聞いているので，答えは場所です。選択肢の中で，場所は1つだけですね。

(3) 解答 **4**

A: 次の授業は何ですか。
B: 理科です。
1 ボール　**2** 鳥　**3** 机　**4** 理科

解説 学校関連の語彙をなるべく増やしましょう。学校の中にあるものをどんどん英語で言って，教科も英語で言えるようにしておきましょう。

(4) 解答 **3**

私は赤とオレンジ色が好きです。でも，青は好きではありません。
1 車　**2** サッカー　**3** 青　**4** ブドウ

解説 色の話をしています。暖色系が好きな人のようですね。Butの意味をよく考えて正解を選びます。

(5) 解答 **2**

A: あなたはイタリアの食べ物が好きですか，ケン。
B: はい。ぼくはスパゲティが好きです。
1 写真［絵］　**2** 食べ物　**3** くだもの　**4** カップ

解説 スパゲティがヒントです。食べ物なのでfoodを選びます。「私の大好きな食べ物」はmy favorite foodと言います。

☐ **(6)** *A:* What do you want for (   ), Kevin?
      B: I want sandwiches.
      1 tomato   **2** fruit   **3** coffee   **4** breakfast

☐ **(7)** My (   ) is a lucky girl.
      1 sister   **2** brother   **3** father   **4** grandfather

☐ **(8)** I have four (   ) in my room. They are new.
      1 water   **2** chairs   **3** blue   **4** hours

☐ **(9)** Mike plays (   ). He is a catcher.
      1 baseball   **2** piano   **3** ice cream   **4** soccer

☐ **(10)** Mary often writes a (   ) to her friend.
      1 box   **2** radio   **3** letter   **4** pencil

ヒント   (7) grandfather：祖父   (8) hours：時間   (10) radio：ラジオ

(6) 解答 **4**

A: あなたは朝食に何がほしいですか，ケビン。

B: 私はサンドイッチがほしいです。

1 トマト　　**2** くだもの　　**3** コーヒー　　**4** 朝食

解説 食べ物の単語を見分ける問題です。（　　　）の前にforがあることに注目しましょう。for breakfastで「朝食に」という意味です。

(7) 解答 **1**

私の姉［妹］は運のよい女の子です。

1 姉［妹］　　**2** 兄［弟］　　**3** 父　　**4** 祖父

解説 「だれ」が運がよいのか考えます。girl「女の子」とあるので**1**を選びます。

(8) 解答 **2**

私は自分の部屋にいすを4つ持っています。それらは新しいです。

1 水　　**2** いす　　**3** 青　　**4** 時間

解説 部屋に4つありそうなものはどれでしょうか。「いす」ですね。

(9) 解答 **1**

マイクは野球をします。彼はキャッチャーです。

1 野球　　**2** ピアノ　　**3** アイスクリーム　　**4** サッカー

解説 catcher「キャッチャー」を手がかりに考えます。「野球」が正解ですね。ほかにも，bat「バット」やhit「ヒット」も野球と関係のある単語ですね。

(10) 解答 **3**

メアリーはよく友だちに手紙を書きます。

1 箱　　**2** ラジオ　　**3** 手紙　　**4** 鉛筆

解説 友だちに書くものは，**3**の「手紙」です。radio「ラジオ」は聞くもの，pencil「鉛筆」は書く道具です。

適切な語句を選ぶ問題②

今日の目標

動詞に強くなろう

英語は動詞が文の中心をになっています。「何をするか」がわかると，書かれていることの内容がよくわかりますね。まずは身近な動詞から覚えていきましょう。「だれがするか」によって，動詞の形が変わります。形の違いをしっかりおさえましょう。

ポイント1　朝から晩までの動詞を覚えよう

　朝起きてから夜寝るまで，自分が何をして過ごしたか考えてみましょう。歯をみがいたり，勉強したり，給食を食べたり，数え切れませんね。そうした身近な動詞にしっかり慣れておきましょう。動詞の中には，swim「泳ぐ」やsing「歌う」のように1つの単語で意味を表すものだけではなく，sit down「すわる」や look at「～を見る」のように，2つの単語を組み合わせて1つの意味になるものもあるので，かたまりで覚えましょう。

例題 をみてみよう！

> **A:** I (　　　　　) an apple every day.
> **B:** That's nice!
> **1** drink　　**2** play　　**3** eat　　**4** sing

訳　**A:** 私は毎日リンゴを1つ食べます。
　　　B: それはよいですね！
　　　1 飲む　　**2** 遊ぶ　　**3** 食べる　　**4** 歌う

解説　どの単語がヒントになりましたか。appleと関係がありそうなのはdrinkかeatですね。drink「飲む」なら，apple juiceなど飲み物でないとおかしいです。an appleと個数がわかることからも，eat「食べる」が正解ですね。

解答：**3**

　動詞の語彙を増やすには，名詞を1つ思い浮かべてその名詞と関係のある動詞を連想していく方法があります。appleならwash「洗う」，cut「切る」などが考えられますね。

📎 1日の単語（にち　たんご）

get up
起きる（お）

brush
とかす

wash
洗う（あら）

eat
食べる（た）

drink
飲む（の）

stand up
立ち上がる（た　あ）

📎 体育系（たいいくけい）

walk
歩く（ある）

dance
踊る（おど）

swim
泳ぐ（およ）

fish
釣る（つ）

run
走る（はし）

ride
乗る（の）

📎 文化系（ぶん　か　けい）

sing
歌う（うた）

write
書く（か）

speak
話す（はな）

listen
聞く（き）

read
読む（よ）

cut
切る（き）

動詞の形が変わるとき

「私は〜です」と言うときに使うbe動詞も,「私は〜します」と言うときに使う一般動詞も,主語がだれかによって形が変わります。一般動詞の場合は,どのようなときに単語の終わりにsが付くのか,よく確認しておきましょう。

例題 をみてみよう！

Look! A big dog (   ) swimming in the lake.

1 am　　**2** is　　**3** are　　**4** be

訳　　見て！　大きな犬が湖で泳いでいます。

解説　今,泳いでいるので swim の形が変わるのでしたね。A big dog は I でも you でもないので,is swimming になります。自分で何回も正解の文を読んで,音をしっかり覚えましょう。

解答：**2**

> The girl **is painting** a picture.
> 女の子は絵を描いています。

> The bird **is flying** in the sky.
> 鳥が空を飛んでいます。

「…は今〜しています」と言うときは,... am / is / are 〜ingという形になるよ。この形はリスニングでもたくさん出題されるから,読めるだけでなく聞き取れるようになることも大切だよ！

be動詞の形

I am young.
私は若いです。

We are young.
私たちは若いです。

You are young.
あなたは若いです。

You are young.
あなたたちは若いです。

He is young.
彼は若いです。

They are young.
彼らは若いです。

She is young.
彼女は若いです。

It is new.
それは新しいです。

They are new.
それらは新しいです。

一般動詞の形

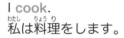

I cook.
私は料理をします。

We cook.
私たちは料理をします。

You cook.
あなたは料理をします。

You cook.
あなたたちは料理をします。

He cooks.
彼は料理をします。

They cook.
彼らは料理をします。

She cooks.
彼女は料理をします。

It stops.
それは止まります。

They stop.
それらは止まります。

次からは練習問題

2 日目

れんしゅうもんだい
練習問題

目標時間 **10分**

次の**(1)**から**(10)**までの（　　　　　）に入れるのに最も適切なものを**1**, **2**, **3**, **4**の中から一つ選びなさい。

☐ **(1)** I (　　　　) the guitar.
  1 eat   **2** play   **3** write   **4** ski

☐ **(2)** Ms. Brown (　　　　) flowers.
  1 likes   **2** to like   **3** liking   **4** like

☐ **(3)** *A:* What are you doing?
  B: I am (　　　　) lunch.
  1 reading **2** sleeping **3** cooking **4** swimming

☐ **(4)** Please sit (　　　　) and have some tea.
  1 down   **2** of   **3** on   **4** from

☐ **(5)** My sister (　　　　) a big dream.
  1 swims   **2** jumps   **3** has   **4** meets

ヒント　(3) cook：～を料理する　　(5) meet：～に会う

24

(1) 解答 **2**

私はギターを弾きます。

1 〜を食べる　　**2** (楽器)を弾く　　**3** 〜を書く　　**4** スキーをする

解説 playは「(楽器)を弾く」という意味のほかに,「遊ぶ」「(競技・ゲームなど)をする」という意味もあります。

(2) 解答 **1**

ブラウンさんは花が好きです。

解説 主語が「ブラウンさん」なので,動詞にsが付きます。はじめはややこしく感じますが,だんだん慣れてくるので安心してください。音も変わるので,声に出して音の違いにも慣れましょう。

(3) 解答 **3**

A: 何をしているの。
B: お昼ごはんを作っているのよ。

1 〜を読んでいる　　**2** 眠っている　　**3** 〜を料理している　　**4** 泳いでいる

解説 週末などに自分でお昼ごはんを作りながら,I am cooking lunch.とかI am making a sandwich.「サンドイッチを作っています」などと言ってみましょう。

(4) 解答 **1**

すわってお茶をどうぞ。

1 (sit downで)すわる　　**2** 〜の　　**3** 〜の上に　　**4** 〜から

解説 人にお茶をすすめるので,「おすわりください」と言っています。sit down「すわる」とstand up「立ち上がる」はペアで覚えてしまいましょう。

(5) 解答 **3**

私の姉[妹]は大きな夢を持っています。

1 泳ぐ　　**2** 跳ぶ　　**3** 〜を持っている　　**4** 〜に会う

解説 主語が3人称単数のとき,haveはhasという形になります。haveは単に「持っている」というときだけでなく,いろいろな場面で大活躍する動詞です。haveとhasはペアにして覚えましょう。

(6) *A:* Don't (   ) in the library.

      B: I'm sorry.

      1 write   **2** get   **3** read   **4** sing

(7) *A:* What are you reading?

      B: I (   ) reading a comic book. It's an exciting story.

      1 are   **2** do   **3** am   **4** is

(8) Tom and I (   ) fifteen years old.

      1 am   **2** are   **3** is   **4** does

(9) My father (   ) tea every morning.

      1 cleans   **2** eats   **3** drinks   **4** studies

(10) *A:* Can Jane (   ) Japanese?

       B: No, she can't. But, she can sing some Japanese songs.

       1 speak   **2** see   **3** run   **4** live in

ヒント   (10) speak：〜を話す

(6) 解答 **4**

A: 図書館で歌ってはいけません。

B: ごめんなさい。

1 ～を書く　　**2** ～を得る　　**3** ～を読む　　**4** 歌う

解説 図書館でしてはいけないことは何か考えます。「～してはいけません」という文はよく出題されるので，場所と，そこでしてはいけなそうな動詞をチェックしておきましょう。

(7) 解答 **3**

A: あなたは何を読んでいるのですか。

B: 私はマンガを読んでいます。ワクワクするお話です。

解説 「…は今～している」という表現を思い出してください。... am/is/are ～ingですね。「している」人は「私」なので，答えはamです。

(8) 解答 **2**

トムと私は，15歳です。

解説 （　　　）の前がIなので，**1**のamを選びそうになりませんでしたか。15歳なのは「トムと私」なので，答えはareです。We are fifteen years old.と考えるとわかりやすいですよ。

(9) 解答 **3**

私の父は毎朝お茶を飲みます。

1 ～をきれいにする　　**2** ～を食べる　　**3** ～を飲む　　**4** ～を勉強する

解説 お父さんやお母さんの習慣はよく出題されるので，毎朝，毎晩しそうな動詞はおさえておきましょう。read(s) the newspaper「新聞を読む」，watch(es) TV「テレビを見る」などいろいろあります。

(10) 解答 **1**

A: ジェーンは日本語を話せますか。

B: いいえ，彼女は話せません。でも，日本語の歌をいくつか歌えます。

1 ～を話す　　**2** ～を見る　　**3** 走る　　**4** ～に住んでいる

解説 Japaneseがヒントになりますね。選択肢の中からspeak「～を話す」を選べましたか。read「～を読む」やwrite「～を書く」が選択肢にあったら，それも正解ですね。

適切な語句を選ぶ問題③

今日の目標

前置詞や代名詞に目を向けよう

1日目，2日目に学んだ名詞や動詞は，書かれていることの意味を理解するためのとてもわかりやすい目印になります。今日は，名詞や動詞と比べてちょっと目立たないけれど大切な役割を果たしている前置詞と代名詞に注意を向ける練習をしましょう。

ポイント1　小さな働き者　前置詞

文字通り，単語の前に置かれて役割を果たすのが前置詞です。例えばSapporo「札幌」の前に置いて，to Sapporoと言えば「札幌へ」，from Sapporoと言えば「札幌から」という意味になります。前置詞を完全にマスターするのはとても難しいことなので，たくさん英語を聞いたり読んだりして慣れることが大切です。

例題 をみてみよう！

My grandfather lives (　　　　) Sapporo.
1 out　　**2** to　　**3** with　　**4** in

訳 私の祖父は札幌に住んでいます。
1 〜（の中）から外へ　　**2** 〜へ　　**3** 〜といっしょに　　**4** 〜の中に

解説 住んでいる場所のことを言うときは，in「〜の中に」を使うことが多いので覚えておきましょう。「日本に住んでいる」と言うときも「一軒家に住んでいる」と言うときも，inを使います。inは，このように場所に使うだけでなく，in the morning「午前中に」というように時間に使うこともあります。

解答：**4**

前置詞を間違えずに使いこなすのは大変だよ。気長に慣れていこう。5級で扱う前置詞は，核となってその後の学習でもずっと使うものだから，しっかり取り組もう。基本的な動詞といろいろな前置詞との組み合わせで，新しい意味になることもあるよ。

前置詞（ぜんちし）

in the box
箱（はこ）の中（なか）に

under the chair
いすの下（した）に

on the sofa
ソファの上（うえ）に

from Shinjuku to Sapporo
新宿（しんじゅく）から札幌（さっぽろ）へ

乗車券
新宿→札幌

by bus
バスで

\ Let's Try! / 絵（え）を見（み）て，文（ぶん）を完成（かんせい）させましょう。

① The newspaper is •   • in the basket.

② The uniform is   •   • on the sofa.

③ The bananas are   •   • under the table.

解答（かいとう）＆訳（やく）

① The newspaper is on the sofa.　新聞紙（しんぶんし）はソファの上（うえ）です。

② The uniform is under the table.　ユニフォームはテーブルの下（した）です。

③ The bananas are in the basket.　バナナはカゴの中（なか）です。

くどくならないための知恵　代名詞

　英語の勉強をしていると，日本語と似ているなとか，これは全然違うななどと思うことがあると思います。日本語と英語の大きな違いに，英語は必ず主語を言わなければならないということがあります。いちいち主語を言わない日本語に慣れていると，ああ，めんどうくさいと思うかもしれませんね。そして，いちいち「花子は…。花子は…。花子が…。そして花子の…」と言っていると，くどくて大変だなと感じられますね。このくどさをやわらげてくれるのが代名詞です。

　それぞれの代名詞の守備範囲は決まっているので，ルールに従って使えるようになりましょう。

例題 をみてみよう！

> **A:** Does Mike have a guitar?
> **B:** Yes. (　　　　　) likes music.
> **1** He　　**2** She　　**3** It　　**4** I

訳　**A:** マイクはギターを持っていますか。
　　B: はい。彼は音楽が好きです。
　　1 彼は　　**2** 彼女は　　**3** それは　　**4** 私は

解説　マイクのことを話しているとわかっているので，くどくならないためにHeを使います。

解答：**1**

This is my bag. This is mine.
これは私のかばんです。これは私のものです。

I am Lisa.
私はリサです。

My cat likes me.
私の猫は私のことが好きです。

📎 代名詞の使い方

☞ まずは，代名詞を「使わない場合」と「使う場合」の文を比較してみましょう。

代名詞を使わない場合

> A: Do you know Ohtani? 「あなたは大谷を知っていますか」
>
> B: Yes. I know Ohtani. 「はい。私は大谷を知っています」
>
> Ohtani is a famous baseball player. 「大谷は有名な野球選手です」
>
> I have Ohtani's picture. 「私は大谷の写真を持っています」

代名詞を使うと

⬇

> A: Do you know Ohtani? 「あなたは大谷を知っていますか」
>
> B: Yes. I know **him**. 「はい。私は**彼を**知っています」
>
> **He** is a famous baseball player. 「**彼は**有名な野球選手です」
>
> I have **his** picture. 「私は**彼の**写真を持っています」

☞ 次に，基本的な代名詞の使い分けを紹介します。声に出して何回も読んでみましょう。

●女性の場合

> A: Do you know Yayoi Kusama? 「あなたは草間彌生を知っていますか」
>
> B: Yes. I know **her**. 「はい。私は**彼女を**知っています」
>
> **She** is a famous artist. 「**彼女は**有名な芸術家です」
>
> I like **her** works. 「私は**彼女の**作品が好きです」

●１つのもの［こと］の場合

> A: Do you know *Kumo no Ito*? 「あなたは『蜘蛛の糸』を知っていますか」
>
> B: Yes. I know **it**. 「はい。私は**それを**知っています」
>
> **It** is a famous story. 「**それは**有名なお話です」

●性別に関わりなく何人もいる場合・いくつものものがある場合

> A: Do you know The Beatles? 「あなたはビートルズを知っていますか」
>
> B: Yes. I know **them**. 「はい。私は**彼らを**知っています」
>
> **They** are famous singers. 「**彼らは**有名な歌手です」
>
> I like **their** songs. 「私は**彼らの**歌が好きです」

次からは練習問題

次の(1)から(10)までの（　　　　　）に入れるのに最も適切なものを **1**, **2**, **3**, **4** の中から一つ選びなさい。

☐ **(1)** Our new English teacher is (　　　　　) Australia.
    1 from　　　　**2** at　　　　**3** to　　　　**4** of

☐ **(2)** My mother plays tennis (　　　　　) the morning.
    1 at　　　　**2** in　　　　**3** on　　　　**4** for

☐ **(3)** The cat is sleeping (　　　　) the chair.
    1 of　　　　**2** under　　　　**3** from　　　　**4** to

☐ **(4)** *A:* Where is the station?
    B: (　　　　) is over there.
    1 They　　　　**2** He　　　　**3** It　　　　**4** She

☐ **(5)** *A:* Whose shoe is this?
    B: It's (　　　　).
    1 me　　　　**2** I　　　　**3** my　　　　**4** mine

ヒント　(1) Australia：オーストラリア　(4) station：駅　(5) whose：だれの　shoe：靴

(1) 解答 **1**

私たちの新しい英語の先生は，オーストラリアから来ました。

1 ～から　　**2** ～で　　**3** ～へ　　**4** ～の

解説 新しい先生はどこから来たのでしょうか。「～から」と言うときはfromを使うのでしたね。

(2) 解答 **2**

私の母は午前中にテニスをします。

1 ～で　　**2**（in the morningで）午前中に　　**3** ～の上に　　**4** ～のために

解説 場所だけでなく，時間を表すときにもinを使います。「～の中に」という日本語に縛られると，「場所を表す」と思い込みがちですが，いろいろな場面で使われていることに慣れましょう。

(3) 解答 **2**

その猫はいすの下で寝ています。

1 ～の　　**2** ～の下で　　**3** ～から　　**4** ～へ

解説 猫が寝ていてもおかしくない場所を選びます。いすの下，ですね。

(4) 解答 **3**

A: 駅はどこですか。

B: それはあちらにあります。

1 彼らは，それらは　　**2** 彼は　　**3** それは　　**4** 彼女は

解説 何回もstation「駅」と言わなくてすむように考えます。駅は人ではないので，ItかTheyです。Aがたずねている駅は1カ所なのでItが正解です。

(5) 解答 **4**

A: これはだれの靴ですか。

B: 私のものです。

1 私を　　**2** 私は　　**3** 私の　　**4** 私のもの

解説 同じ「私」でもいろいろな形に変わりますね。my「私の」とmine「私のもの」の使い分けには注意しましょう。

□ **(6)** *A:* Do you like this juice?

B: Yes. I like (　　　　) very much.

1 he **2** him **3** her **4** it

□ **(7)** *A:* Is this bag (　　　　)?

B: No, it's Jenny's.

1 them **2** you **3** your **4** yours

□ **(8)** *A:* Where is Tom?

B: Who is Tom? I don't know (　　　　).

1 it **2** him **3** them **4** her

□ **(9)** *A:* Do you like books, Jane?

B: Yes. I have a lot of (　　　　).

1 it **2** him **3** them **4** her

□ **(10)** *A:* How do you go to school?

B: I go to school (　　　　) bus.

1 by **2** from **3** to **4** on

ヒント (8) know：～を知っている

(6) 解答 **4**

A: あなたはこのジュースが好きですか。

B: はい。私はそれが大好きです。

1 彼は **2** 彼を **3** 彼女を **4** それを

解説 like は「〜を好む」という動詞で，「私は〜を好んでいる＝私は〜が好き」という意味です。「ジュース」と何回も言わないために，itを使います。

(7) 解答 **4**

A: このかばんはあなたのものですか。

B: いいえ，それはジェニーのです。

1 それらを **2** あなたが，あなたを **3** あなたの **4** あなたのもの

解説 yoursで「あなたのもの」という意味です。yourを使う場合は，your bag「あなたのかばん」とか your book「あなたの本」などのように物まで言う必要があります。

(8) 解答 **2**

A: トムはどこにいますか。

B: トムってだれですか。私は彼を知りません。

1 それを **2** 彼を **3** 彼［彼女］らを，それらを **4** 彼女を

解説 Tom は男性の名前なので，「彼を知りません」と言います。「だれだれを」と言うとき，1人の男性の場合はhim，女性の場合はherと言い方が違うことには慣れてきましたか。

(9) 解答 **3**

A: あなたは本が好きですか，ジェーン。

B: はい。私はそれらをたくさん持っています。

1 それを **2** 彼を **3** それらを **4** 彼女を

解説 日本語ではふつう「それらを」とは言いませんが，英語ではものがいくつもあるときにはthemと言います。

(10) 解答 **1**

A: あなたはどうやって学校に行きますか。

B: 私はバスで学校に行きます。

1 〜で **2** 〜から **3** 〜へ **4** 〜の上に

解説 by 〜「〜で」はかたまりで覚えてしまいましょう。「はさみで切る」というような場合はcut with scissorsと言います。使い分けに注意しましょう。

適切な会話表現を選ぶ問題

今日の目標　あいさつと決まり文句で会話力アップ

あいさつは人と人をつなぐ大切な役目を果たしていますね。また，「ありがとう」と言われたら「どういたしまして」と答える，といったように決まり文句がさっと言えるのも大切なことです。

ポイント1　あいさつは情景を思い浮かべながら

　5級ではあいさつについての知識を聞かれる問題が出題されます。知識として持っているだけではなく，自分でもどんどん使ってみましょう。日本語できちんとあいさつすることができないと英語でもさっとあいさつできません。気持ちのよいあいさつで周りの人とよい関係を作ってください。

例題 をみてみよう！

> *Man:* How are you, Jack?
> *Boy:* (　　　　) Thank you.
> **1** I'm fine.　　**2** Goodbye.　　**3** I'm home.　　**4** In the morning.

訳　*男性:* 調子はどうですか，ジャック。
男の子: 元気です。ありがとう。
1 元気です。　　**2** さようなら。　　**3** ただいま。　　**4** 午前中に。

解説　How are you? は「元気ですか」と聞いているのでしたね。これはあいさつの決まり文句なので，いつでも使えるようにしておきましょう。答えるときは，I'm fine. や Fine. などと言います。How are you? と聞かれて，I'm hungry.「私はおなかがすいています」/ I'm happy.「私はうれしいです」/ I'm sleepy.「私は眠いです」などとはあまり答えないので気をつけましょう。

解答：**1**

📎 **あいさつ**

📎 **会話の場面**

決まり文句も心をこめて

言葉の中には，その場その場で自分の考えや思いを伝えるもの以外に，もうできあがっている表現をそのまま使って伝えるものがあります。「よい週末を」とか「どういたしまして」といった表現です。これらの決まり文句は5級でよく出題されるので，慣れておきましょう。リスニングでも出題されるので，筆記の問題文も声に出して読んでみましょう。

例題 をみてみよう！

> *Girl 1:* Can I use your eraser?
> *Girl 2:* Sure. (   )
> **1** That's nice.　　**2** No, thanks.
> **3** Here you are.　　**4** You are welcome.

訳　女の子1：あなたの消しゴムを使ってもよいですか。
女の子2：もちろん。はい，どうぞ。

1 それはすてき。　　**2** いいえ，けっこうです。
3 はい，どうぞ。　　**4** どういたしまして。

解説　「使ってもよいか」と聞かれて，Sure.と返事していますので，快く使わせてあげるつもりであることがわかります。人にものを渡すときはHere you are.と言うのでしたね。相手がThank you.とお礼を言ったら，You are welcome.と答えます。一連の表現に十分慣れておきましょう。

解答：**3**

決まり文句は，使えば使うほど板についてくるから，毎日の暮らしの中でどんどん使おう。実際に口に出さなくても，心の中で言うだけでも練習になるよ。毎日「今日は『ありがとう』を集中的に意識して過ごそう」などと決めて取り組んでみるとよいかもね。

決まり文句

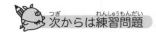

練習問題

次の (1) から (10) までの会話について，( ) に入れるのに最も適切なものを **1, 2, 3, 4** の中から一つ選びなさい。

☐ **(1)** **Boy 1:** Let's play baseball.

Boy 2: ( )
  1 I like flowers.　　　　　　**2** Thank you.
  3 Good morning.　　　　　　**4** That's a good idea.

☐ **(2)** **Teacher:** Don't talk in the library.

Student: ( )
  1 I'm sorry.　　　　　　**2** I'm happy.
  3 I'm a boy.　　　　　　**4** I'm eleven.

☐ **(3)** **Man:** Nice to meet you.

Woman: ( )
  1 Good afternoon.　　　　　　**2** Please call me back.
  3 Nice to meet you, too.　　　**4** I like it.

☐ **(4)** **Mother:** Please come and help me.

Girl: ( ), Mom.
  1 Yes, you can　　　　　　**2** All right
  3 No, thank you　　　　　　**4** See you tomorrow

☐ **(5)** **Father:** ( )

Boy: Good night, Dad.
  1 It's time to go to bed.　　　**2** Let's have lunch.
  3 Have a good day.　　　　　**4** Dinner is ready.

ヒント　(4) help：～を助ける，手伝う　(5) dinner：夕食

(1) 解答 **4**

男の子1：野球をしよう。
男の子2：それはよい考えだね。

1 私は花が好きです。　　**2** ありがとう。　　**3** おはよう。　　**4** それはよい考えだね。

解説 日本語でも「アイディア」と言いますね。That's a good idea.「それはよい考えだ」は人の考えをほめるときの決まり文句です。友だちとの話し合いなどで使ってみましょう。

(2) 解答 **1**

先生：図書館で話をしてはいけません。
生徒：ごめんなさい。

1 ごめんなさい。　　**2** 私はうれしいです。　　**3** ぼくは男の子です。　　**4** 私は11歳です。

解説 軽く謝るときはSorry.「ごめんね」とだけ言ってもよいです。気持ちよく謝れるとよいですね。

(3) 解答 **3**

男性：お会いできてうれしいです。
女性：私もお会いできてうれしいです。

1 こんにちは。　　　　　　　　　　**2** 折り返しお電話ください。
3 私もお会いできてうれしいです。　**4** 私はそれが気に入っています。

解説 初対面のあいさつの場面です。tooを，数を表すtwoと間違えないようにしましょう。

(4) 解答 **2**

母親：ちょっと来て手伝って。
女の子：わかったわ，お母さん。

1 ええ，あなたはできるわ　　　　**2** わかりました
3 ううん，大丈夫　　　　　　　　**4** また明日

解説 お母さんに「手伝って」と言われての返事です。「わかりました」という意味になる**2**が正解です。ほかに，OK. / Sure.などの言い方もあります。

(5) 解答 **1**

父親：寝る時間だよ。
男の子：おやすみなさい，お父さん。

1 寝る時間だよ。　　　　　　　　**2** お昼ごはんを食べよう。
3 よい一日を。　　　　　　　　　**4** 夕食のしたくができたよ。

解説 go to bedで「ベッドに行く＝寝る」という動作を表します。すやすやと「眠る」状態はsleepと言います。

☐ **(6)** *Boy 1:* Let's go to the park!

Boy 2: (　　　　　) I have a piano lesson.

1 I'm home. **2** Have a good weekend.

3 Sorry, I can't. **4** I like baseball.

☐ **(7)** *Mother:* Let's have lunch. Go and wash your hands.

Girl: (　　　　　)

1 Okay. **2** I like milk.

3 It's Monday. **4** At seven.

☐ **(8)** *Student:* Goodbye, Mr. Sato.

Teacher: (　　　　　)

1 In my room. **2** It's fine today.

3 See you tomorrow. **4** It's mine.

☐ **(9)** *Man:* (　　　　　) Can I use your pen?

Woman: Sure.

1 It's Tuesday. **2** Excuse me.

3 Of course. **4** It's raining.

☐ **(10)** *Girl 1:* This is a present for you.

Girl 2: (　　　　　)

1 Thank you. **2** Here you are.

3 You are welcome. **4** Nice to meet you.

ヒント
(8) today：今日は　　(9) It's raining.：雨が降っている。

(6) 解答 **3**

男の子1：公園に行こうよ！
男の子2：ごめん，行けない。ピアノのレッスンがあるんだ。

1 ただいま。　　**2** よい週末を。　　**3** ごめん，行けない。　　**4** 私は野球が好きです。

解説 友だちの誘いを断る表現です。せっかく誘ってくれたので，ていねいに「ごめん」と一言そえます。Sorry, I can't. が正解です。

(7) 解答 **1**

母親：さあ，お昼ごはんを食べましょう。手を洗っていらっしゃい。
女の子：わかりました。

1 わかりました。　　**2** 私は牛乳が好きです。　　**3** 月曜日です。　　**4** 7時に。

解説 言われたことに従う表現を探します。Okay. が正解です。OK. とも書きます。ほかにも All right. と答えることができます。従えないときは，Sorry, I can't. などと答えます。

(8) 解答 **3**

生徒：さようなら，佐藤先生。
先生：また明日。

1 私の部屋の中で。　　　　　　**2** 今日はよい天気です。
3 また明日。　　　　　　　　　**4** それは私のものです。

解説 Goodbye. と言われたら，同じく Goodbye. と答えてももちろんかまいませんが，ほかの言い回しもいろいろあります。See you later. なら「また後で」という意味になります。

(9) 解答 **2**

男性：すみません。あなたのペンを使ってもよいですか。
女性：もちろん。

1 火曜日です。　　**2** すみません。　　**3** もちろん。　　**4** 雨が降っています。

解説 Excuse me.「すみません」はよく使う表現です。話しかける前に「あの，すみません」というニュアンスで使います。

(10) 解答 **1**

女の子1：これはあなたへのプレゼントよ。
女の子2：ありがとう。

1 ありがとう。　　　　　　　　**2** はい，どうぞ。
3 どういたしまして。　　　　　**4** お目にかかれてうれしいです。

解説 日本語でも英語でも，お礼の気持ちを伝えることはとても大切ですね。Here you are. は女の子1が言う言葉だと気づきましたか。

語句を正しく並べかえる問題①

今日の目標

主語と動詞をおさえて文を作ろう

筆記3は，示された日本語の意味になるように単語を入れかえて文を作る問題です。ちょっとパズルみたいですね。文の並べかえにはいくつかのコツがあります。まずは，主語を見抜くこと。「主語＋動詞」の形にすることを考えましょう。また，「～ではない」という文の作り方に慣れることも大事なコツです。音でリズムをつかみましょう。

ポイント1　　主語を見抜いて文を作ろう

　Tom likes baseball. という文では主語のTomは1語なのでわかりやすいですが，My brother likes baseball. では主語はMy brotherで2語です。My little brother likes baseball. では主語はMy little brotherで3語です。このように，主語は1語とは限りませんので，順番に並べるときに注意しましょう。主語さえ見抜くことができれば，その次にくるのはだいたい動詞なので，まず主語を見抜いて「主語＋動詞」の形をすぐに作れるようにしましょう。

例題 をみてみよう！

　　母は午前4時に起きます。
　　(①mother　②up　③wakes　④my)

　　　1番目　　　　　　3番目
　　[　　　][　　　][　　　][　　　] at 4:00 a.m.

　1 ②－④　　**2** ①－③　　**3** ③－②　　**4** ④－③

解説　「母」だけを見てmother から文を始めないように気をつけましょう。英語ではいちいち，私の母（my mother）とか，あなたのお母さん（your mother）などと言わなければなりません。「起きる」はwake upです。お母さんが主語なので，wakes upとsが付いていることに気づきましたか。

正しい語順　(**My** mother **wakes** up) at 4:00 a.m.　　　　解答：**4**

\Let's Try!/ 主語に下線を引きましょう。

①

Tom likes baseball.

My brother likes baseball.

My little brother likes baseball.

He likes baseball.

②

Ms. Green is from Canada.

My teacher is from Canada.

My music teacher is from Canada.

She is from Canada.

解答

①

<u>Tom</u> likes baseball.

<u>My brother</u> likes baseball.

<u>My little brother</u> likes baseball.

<u>He</u> likes baseball.

②

<u>Ms. Green</u> is from Canada.

<u>My teacher</u> is from Canada.

<u>My music teacher</u> is from Canada.

<u>She</u> is from Canada.

> 難しかったかな。ぼくは My music teacher が難しかったな。

\Let's Try!/ 動詞の間違いを直しましょう。

①My sister go shopping on Sundays.

正 My sister (　　　　) shopping on Sundays.

②My brother play tennis.

正 My brother (　　　　) tennis.

③I has a little cat.

正 I (　　　　) a little cat.

解答 & 訳

① My sister goes shopping on Sundays.　私の姉［妹］は毎週日曜日に買い物に行きます。

② My brother plays tennis.　私の兄［弟］はテニスをします。

③ I have a little cat.　私は小さな猫を飼っています。

> go shopping が「買い物に行く」なら，go camping は「キャンプに行く」だね。

5
日目

筆記

3

45

be動詞の否定文に慣れよう

「〜ではありません」と言えるととても便利ですね。このような文を「否定文」と言います。否定文を作るときにはnotを使います。例文を声に出して読み，「〜です」という表現とよく聞き比べて，notを入れる場所を音でしっかり覚えましょう。

例題 をみてみよう！

私は，料理がうまくありません。
(① not ② good ③ a ④ cook)

　　　　1番目　　　　　3番目
I'm ☐ ☐ ☐ ☐ .

1 ① ― ③　　**2** ④ ― ②　　**3** ③ ― ④　　**4** ① ― ②

解説　notをどこに入れるか考えてみましょう。I'mがI amだとわかれば考えやすいと思います。「私は料理がうまい」はI'm a good cook.なので，「私は料理がうまくない」はI'm not a good cook.となります。

正しい語順　I'm (**not a good** cook).

解答：**4**

be動詞の否定文の短縮形の作り方

☞ **I・We・You・You**

I am not happy.
I'm not happy.
私はうれしくないです。

We are not happy.
We're not happy.
We aren't happy.
私たちはうれしくないです。

You are not happy.
You're not happy.
You aren't happy.
あなたはうれしくないです。

You are not happy.
You're not happy.
You aren't happy.
あなたたちはうれしくないです。

☞ He・She・They

Hiroshi is not happy.

He is not happy.

He's not happy.

He isn't happy.

ヒロシ（彼）はうれしくないです。

Momoko and Hiroshi are not happy.

They are not happy.

They're not happy.

They aren't happy.

モモコとヒロシ（彼ら）はうれしくないです。

Momoko is not happy.

She is not happy.

She's not happy.

She isn't happy.

モモコ（彼女）はうれしくないです。

☞ It・They

The apple is not small.

It is not small.

It's not small.

It isn't small.

そのリンゴ（それ）は小さくないです。

The apples are not small.

They are not small.

They're not small.

They aren't small.

そのリンゴ（それら）は小さくないです。

\Let's Try!/ それぞれの絵を見て，確実にあてはまると思う文の番号を選びましょう。

①

②

よく考えて答えよう。

1. It is not a banana.

2. It is not an orange.

3. It is not a ball.

1. It is not a present.

2. It is not a pencil.

3. It is not a box.

解答 & 訳

① 1　② 2

① 1. それはバナナではありません。　　2. それはオレンジではありません。　　3. それはボールではありません。

② 1. それはプレゼントではありません。　　2. それは鉛筆ではありません。　　3. それは箱ではありません。

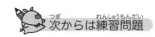

次からは練習問題

つぎ　　　　　　　　　　　　　　にほんぶん　いみ　あらわ　　　　　　　　　　　　　　　　　　なら　　　　　　　　　　　　　　　　　　　　なか
次の(1)から(10)までの日本文の意味を表すように①から④までを並べかえて　　　　　　の中
い　　　　　　　　　　　　　　　ばんめ　　　　ばんめ　　　　　　　　　　　　　　　　　もっと　てきせつ　くみあわ
に入れなさい。そして，1番目と3番目にくるものの最も適切な組合せを **1，2，3，4**の
なか　　　　ひと　えら　　　　　　　　　　　　　　　　　　　　　　　　　　　ぶん　　　　　　　　　　　ご　こもじ
中から一つ選びなさい。※ただし，（　　　　）の中では，文のはじめにくる語も小文字になっています。

□ **(1)**　ベティは毎週末にサッカーをします。
まいしゅうまつ

（①plays　②weekends　③on　④soccer ）

Betty [1番目] [　　] [3番目] [　　].

1 ① ― ③　　　**2** ② ― ①　　　**3** ④ ― ③　　　**4** ④ ― ①

□ **(2)**　ロビンは6時に買い物に行きます。
じ　か　もの　い

（①Robin　②shopping　③goes　④at ）

[1番目] [　　] [3番目] [　　] six.

1 ④ ― ③　　　**2** ① ― ②　　　**3** ④ ― ①　　　**4** ① ― ④

□ **(3)**　あれは私の自転車ではありません。
わたし　じてんしゃ

（①that　②not　③is　④my ）

[1番目] [　　] [3番目] [　　] bicycle.

1 ② ― ③　　　**2** ③ ― ①　　　**3** ① ― ②　　　**4** ④ ― ②

□ **(4)**　私の英語の先生はカナダ出身です。
わたし　えいご　せんせい　　　　　しゅっしん

（①from　②teacher　③Canada　④is ）

My English [1番目] [　　] [3番目] [　　].

1 ③ ― ④　　　**2** ③ ― ①　　　**3** ② ― ①　　　**4** ② ― ③

□ **(5)**　私たちは，今日は忙しくありません。
わたし　　　　きょう　いそが

（①not　②we　③are　④busy）

[1番目] [　　] [3番目] [　　] today.

1 ③ ― ④　　　**2** ② ― ①　　　**3** ② ― ④　　　**4** ③ ― ①

ヒント

(3) bicycle：自転車
じてんしゃ

(1) 解答 1

正しい語順▶ Betty (**plays** soccer **on** weekends).

解説 主語が１語の文です。主語の次は動詞なのでBetty plays ですね。「毎週末に」と言うときは on weekends とかたまりで覚えましたか。

(2) 解答 2

正しい語順▶ (**Robin** goes **shopping** at) six.

解説 「ロビンは…」なので，主語はRobin ですね。次は動詞のgoes です。また「買い物に行く」は go shopping というかたまりです。時刻はat を使うので，「６時に」はat six です。

(3) 解答 3

正しい語順▶ (**That** is **not** my) bicycle.

解説 まず，「あれは私の自転車です」という文を考えてみましょう。That is my bicycle. になりますね。この文のどこにnot を入れるのでしょうか。be動詞is の後ろですね。

(4) 解答 3

正しい語順▶ My English (**teacher** is **from** Canada).

解説 自分の英語の先生のことを話しているので，My English のすぐ後ろにteacher がきます。正解の文を声に出して読んで，英語の語順に耳を慣らしてください。

(5) 解答 2

正しい語順▶ (**We** are **not** busy) today.

解説 文のはじめの語となるwe を見つけることと，not を入れる場所を見抜くこと，この２つができましたか。だんだん素早く直感で答えられるようになるとよいですね。

5
日目

筆記
3

☐ **(6)** 彼^{かれ}らは教室^{きょうしつ}にはいません。

(①the ②are ③in ④not)

They ☐（1番目）☐ ☐（3番目）☐ classroom.

1 ② ― ④　　**2** ③ ― ①　　**3** ④ ― ②　　**4** ② ― ③

☐ **(7)** ジャックの兄^{あに}は医者^{いしゃ}です。

(①brother ②big ③Jack's ④is)

☐（1番目）☐ ☐（3番目）☐ a doctor.

1 ③ ― ①　　**2** ① ― ④　　**3** ① ― ②　　**4** ② ― ①

☐ **(8)** ジュディはパティの姉^{あね}［妹^{いもうと}］ではありません。

(①not ②is ③sister ④Patty's)

Judy ☐（1番目）☐ ☐（3番目）☐ .

1 ② ― ①　　**2** ① ― ④　　**3** ② ― ④　　**4** ④ ― ①

☐ **(9)** エミと私^{わたし}はよい友^{とも}だちです。

(①Emi ②I ③are ④and)

☐（1番目）☐ ☐（3番目）☐ good friends.

1 ① ― ②　　**2** ③ ― ②　　**3** ② ― ③　　**4** ① ― ④

☐ **(10)** 私^{わたし}の祖母^{そぼ}は70歳^{さい}です。

(①seventy ②is ③grandmother ④years old)

My ☐（1番目）☐ ☐（3番目）☐ .

1 ③ ― ①　　**2** ① ― ③　　**3** ② ― ①　　**4** ② ― ④

ヒント

(10) seventy : 70

(6) 解答 **4**

正しい語順▶　They (**are** not **in** the) classroom.

解説　「〜ない」という否定文です。notを入れる位置はどこか考えてみましょう。are notはaren't と短縮して使うことも多いので，あわせて覚えておきましょう。

(7) 解答 **1**

正しい語順▶　(**Jack's** big **brother** is) a doctor.

解説　「ジャックの兄」というかたまりがすぐに作れましたか。ジャックのお兄さん2人が医者だっ たとしたら，どう表現するか考えてみましょう。Jack's big brothers are doctors. ですね。こうやっ て，英語の表現を自分で考えていくことはとてもよい勉強になります。

(8) 解答 **3**

正しい語順▶　Judy (**is** not **Patty's** sister).

解説　否定文という言葉を覚えていますか。notが入る位置に慣れるよう，たくさん声に出して 言ってみましょう。

(9) 解答 **1**

正しい語順▶　(**Emi** and **I** are) good friends.

解説　エミと自分のことを言っていますから，areが使われています。自分も含めた複数の人のこ とを表現するときには，areを使います。Emi and Iを表す代名詞はwe です。

(10) 解答 **1**

正しい語順▶　My (**grandmother** is **seventy** years old).

解説　年齢の言い方には慣れましたか。親しい友だちや知り合いの人たちの年齢を英語でたくさん 言って，しっかり身につけてください。

学習した日　　月　　日

語句を正しく並べかえる問題②

今日の目標

「〜しない」「〜できる」という文を作ろう

I cook every day.「私は毎日料理をします」という文を，I don't cook every day.「私は毎日は料理をしません」やI can cook curry.「私はカレーを作ることができます」というようにアレンジして表現の幅を広げましょう。パターンをつかむために，声に出して言って，音にも十分慣れましょう。

ポイント1 ── 一般動詞の否定文

「私は野球が好きではありません」というような一般動詞の否定文の作り方に慣れておきましょう。be動詞の否定文の作り方とは少し違いますよ。

例題 をみてみよう！

私は遠藤先生の娘さんを知りません。
(①don't　②I　③know　④Mr. Endo's)

1番目		3番目		daughter.

1 ④ ─ ①　　**2** ④ ─ ③　　**3** ② ─ ①　　**4** ② ─ ③

解説　daughterは「娘」です。娘さんを「知りません」なので，否定文ですね。know「知っている」のような一般動詞の否定文は，前にdo notまたは短縮形のdon'tを置いて，do not knowやdon't knowという形になります。また，主語によっては，does notまたは短縮形のdoesn'tを使うこともあります。

正しい語順　(**I** don't **know** Mr. Endo's) daughter.

解答：**4**

一般動詞の否定文の短縮形の作り方

☞ I・You・We・You

I like tennis.
私はテニスが好きです。

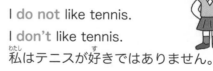

I do not like tennis.
I don't like tennis.
私はテニスが好きではありません。

You like tennis.
あなたはテニスが好きです。

You do not like tennis.
You don't like tennis.
あなたはテニスが好きではありません。

We like tennis.
私たちはテニスが好きです。

We do not like tennis.
We don't like tennis.
私たちはテニスが好きではありません。

You like tennis.
あなたたちはテニスが好きです。

You do not like tennis.
You don't like tennis.
あなたたちはテニスが好きではありません。

☞ He・She・They

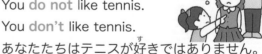

He[She] likes tennis.
彼［彼女］はテニスが好きです。

He[She] does not like tennis.
He[She] doesn't like tennis.
彼［彼女］はテニスが好きではありません。

They like tennis.
彼らはテニスが好きです。

They do not like tennis.
They don't like tennis.
彼らはテニスが好きではありません。

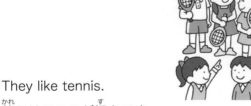

「〜できる・できない」という表現

今まで学んできた文にcanを入れると,「〜できる」という意味になります。canを入れる場所に慣れれば,すいすい文が作れるようになりますよ。

例題 をみてみよう！

エミリーはピアノが弾けます。
(①play　②can　③the　④piano)

Emily [1番目] [　] [3番目] [　] .

1 ① ― ③　　**2** ① ― ②　　**3** ② ― ③　　**4** ② ― ④

解説 canのすぐ後ろには動詞がくるのでしたね。can playはさっと結びつけられましたか。主語がEmilyなのにplaysになっていませんが,canの後ろにくる動詞は元の形のままですから心配いりませんね。ピアノを弾くと言うときには,play the pianoと言います。

(正しい語順)　Emily (**can** play **the** piano).

解答：**3**

📎 **canを使った文の作り方**

☞ I can 〜. ・ I can't 〜.

I **can** sing well.
私はじょうずに歌うことができます。

I **can** swim fast.
私は速く泳ぐことができます。

I **can't** sing well.
私はじょうずに歌うことができません。

I **can't** swim fast.
私は速く泳ぐことができません。

can, can'tのすぐ後に動詞がくるんだね。

☞ I・You・We・You

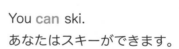

I can ski.
私<ruby>私<rt>わたし</rt></ruby>はスキーができます。

You can ski.
あなたはスキーができます。

We can ski.
<ruby>私<rt>わたし</rt></ruby>たちはスキーができます。

You can ski.
あなたたちはスキーができます。

☞ He・She・They

He[She] can ski.
<ruby>彼<rt>かれ</rt></ruby>［<ruby>彼女<rt>かのじょ</rt></ruby>］はスキーができます。

They can ski.
<ruby>彼<rt>かれ</rt></ruby>らはスキーができます。

📎 can'tの<ruby>意味<rt>いみ</rt></ruby>

I can't use the computer.
<ruby>私<rt>わたし</rt></ruby>はコンピューターが<ruby>使<rt>つか</rt></ruby>えません。

I can't use the computer.
<ruby>私<rt>わたし</rt></ruby>はコンピューターを<ruby>使<rt>つか</rt></ruby>ってはいけません。

can'tには，「～できない」と「～してはいけない」という<ruby>意味<rt>いみ</rt></ruby>があるんだね。
can'tはcannotの<ruby>略<rt>りゃく</rt></ruby>だよ。

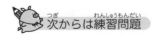
<ruby>次<rt>つぎ</rt></ruby>からは<ruby>練習問題<rt>れんしゅうもんだい</rt></ruby>

次の**(1)**から**(10)**までの日本文の意味を表すように①から④までを並べかえて □ の中に入れなさい。そして，１番目と３番目にくるものの最も適切な組合せを**1**，**2**，**3**，**4**の中から一つ選びなさい。※ただし，（　　）の中では，文のはじめにくる語も小文字になっています。

___

☐ **(1)** 私はテニスを毎日はしません。

（①don't　②play　③tennis　④I）

1番目		3番目	

every day.

1 ④ ― ①　　　　**2** ③ ― ②　　　　**3** ④ ― ②　　　　**4** ④ ― ③

☐ **(2)** 私は猫を飼っていませんが，鳥は飼っています。

（①a　②don't　③have　④cat）

I | 1番目 | | 3番目 | |
|---|---|---|---|
| | | | |

, but I have a bird.

1 ② ― ①　　　　**2** ③ ― ①　　　　**3** ④ ― ②　　　　**4** ③ ― ④

☐ **(3)** 彼女は今夜パーティーに来られません。

（①to　②can't　③the party　④come）

She | 1番目 | | 3番目 | |
|---|---|---|---|
| | | | |

tonight.

1 ④ ― ③　　　　**2** ② ― ①　　　　**3** ② ― ③　　　　**4** ④ ― ①

☐ **(4)** 私の父はテニスができます。

（①father　②play　③can　④my）

1番目		3番目	

tennis.

1 ④ ― ②　　　　**2** ① ― ③　　　　**3** ④ ― ③　　　　**4** ② ― ①

☐ **(5)** 彼は本を読みません。

（①books　②read　③doesn't　④he）

1番目		3番目	

.

1 ④ ― ②　　　　**2** ④ ― ③　　　　**3** ① ― ③　　　　**4** ② ― ①

ヒント

(3) come to ～：～に来る

(1) 解答 **3**

正しい語順▶ (**I** don't **play** tennis) every day.

解説 「～しません」という否定の表現にも慣れてきましたか。自分で毎日はしないことをたくさん考えて，I don't ～ every day.と，独り言をどんどん言ってみましょう。とてもよい勉強になりますよ。言い方がわからないときは，先生に聞いたり辞書をひいたりしましょう。

(2) 解答 **1**

正しい語順▶ I (**don't** have **a** cat), but I have a bird.

解説 文の前半と後半は，「飼っていない」「飼っている」というように，否定文と肯定文になっていますね。解答を何度も声に出して言えば，このような問題がすらすら解けるようになりますよ。

(3) 解答 **2**

正しい語順▶ She (**can't** come **to** the party) tonight.

解説 「～に来られない」という表現には十分慣れましたか。よく出題されるので覚えておくとよいですね。

(4) 解答 **3**

正しい語順▶ (**My** father **can** play) tennis.

解説 My fatherはすぐに結びつけられましたか。そこまでできたら，あとはcanのすぐ後ろに動詞を持ってくればよいのでしたね。

(5) 解答 **1**

正しい語順▶ (**He** doesn't **read** books).

解説 doesn'tを入れる場所に注意しましょう。日本語では「読まない」というように「ない」は最後にきますが，英語では動詞よりも先にdoesn'tやdon'tがくるのでしたね。

□ **(6)** 私はコーヒーが飲めません。

(①coffee　②I　③drink　④can't)

1番目		3番目	

1 ① ― ③　　　　**2** ② ― ④　　　　**3** ② ― ③　　　　**4** ③ ― ④

□ **(7)** 私たちは今日，英語の授業はありません。

(①have　②an English　③class　④don't)

We | 1番目 | | 3番目 | | today.

1 ① ― ④　　　　**2** ② ― ④　　　　**3** ① ― ③　　　　**4** ④ ― ②

□ **(8)** あなたは公園の中では自転車に乗れません。

(①ride　②can't　③you　④a bicycle)

| 1番目 | | 3番目 | | in the park.

1 ③ ― ①　　　　**2** ③ ― ④　　　　**3** ④ ― ②　　　　**4** ② ― ①

□ **(9)** 私の祖母は歌をじょうずに歌えます。

(①grandmother　②my　③sing　④can)

| 1番目 | | 3番目 | | well.

1 ② ― ④　　　　**2** ① ― ④　　　　**3** ② ― ③　　　　**4** ① ― ③

□ **(10)** 犬は速く走ることができます。

(①fast　②can　③dogs　④run)

| 1番目 | | 3番目 | | .

1 ④ ― ②　　　　**2** ② ― ①　　　　**3** ③ ― ①　　　　**4** ③ ― ④

ヒント　　(7) class：授業　　(8) ride：～に乗る　　(10) fast：速く

(6) 解答 **3**

正しい語順▶ (**I** can't **drink** coffee).

解説 drink coffee で「コーヒーを飲む」という意味です。コーヒーを飲めるけど飲まない人なら I don't drink coffee. と言いますね。

(7) 解答 **4**

正しい語順▶ We (**don't** have **an English** class) today.

解説 「しないこと」について伝える文です。don'tを入れる場所に注意しましょう。自分（たち）がしないことを英語で言えるようになるとよいですね。

(8) 解答 **1**

正しい語順▶ (**You** can't **ride** a bicycle) in the park.

解説 「～してはいけない」と言うときにもcan'tを使うのでしたね。ride a bicycle[bike] はかたまりで覚えましょう。「馬に乗る」はride a horse です。

(9) 解答 **1**

正しい語順▶ (**My** grandmother **can** sing) well.

解説 grandmotherの前にmyが付くことに気がつきましたか。主語が2語でできていることにも慣れてきましたね。

(10) 解答 **4**

正しい語順▶ (**Dogs** can **run** fast).

解説 run fastで「速く走る」という意味です。ほかに速く走れる動物を言えますか。「速く走れない」という文も作ってみましょう。

語句を正しく並べかえる問題③

今日の目標

いろいろな形の文に慣れよう

人に質問する文や，何かしようと誘う文の作り方をおさえましょう。いろいろな文が作れると，たくさんのことが言えるようになります。英語を使うのがもっと楽しくなりますよ。

ポイント1　## どんどん質問しよう

質問する文を疑問文と呼びます。疑問文の作り方は日本語とはずいぶん違います。ここでは答えが「はい」「いいえ」になるタイプの疑問文をまとめて説明します。

例題 をみてみよう！

あなたはサッカーができますか。
(①soccer　②you　③can　④play)

1番目		3番目		
				?

1 ③ ― ②　　**2** ② ― ④　　**3** ① ― ③　　**4** ③ ― ④

解説　「あなたはサッカーができます」は You can play soccer. と言うのでしたね。「～できますか」と質問するときには，can を文のはじめに持ってきます。友だちや家族に Can you ～?と聞いてみましょう。知らない一面がわかるかもしれませんよ。

正しい語順　Can you play soccer?

解答：**4**

Can you ～? には「～してくれますか」という意味もあるから覚えておこう。Can you open the door? は「ドアを開けてくれますか」という意味だよ。 can には「～できる」という意味と「～してもよい」という意味があることもおさえておこう。

Am / Are / Is で始まる疑問文

I am late. 「私は遅れています」
Am I late? 「私は遅れていますか」

You are late. 「あなたは遅れています」
Are you late? 「あなたは遅れていますか」

He[She] is late. 「彼［彼女］は遅れています」
Is he[she] late? 「彼［彼女］は遅れていますか」

We are late. 「私たちは遅れています」
Are we late? 「私たちは遅れていますか」

Do / Does で始まる疑問文

He[She] likes ice cream. 「彼［彼女］はアイスクリームが好きです」

Does he[she] like ice cream?
「彼［彼女］はアイスクリームが好きですか」

Can で始まる疑問文

You can play the piano. 「あなたはピアノが弾けます」
　　　　　　　　　　　　「あなたはピアノを弾いてもよいです」
Can you play the piano? 「あなたはピアノが弾けますか」
　　　　　　　　　　　　「ピアノを弾いてくれますか」
Can I play the piano?　　「ピアノを弾いてもよいですか」

命令文と聞くとなんだかいばった感じがしますね。でも「こっちにパスして！」とか「賛成の人は手をあげて」といった表現はふだんよく使っています。これが命令文です。英語でこのような文をどう作るのか見てみましょう。

例題 をみてみよう！

せっけんで手を洗いなさい。
(①hands ②your ③with ④wash)

1番目		3番目		
				soap.

1 ②—③　　**2** ④—①　　**3** ①—②　　**4** ③—④

解説　「(手を) 洗いなさい」「(きちんと) すわりなさい」「(黒板を) 見なさい」などは，暮らしの中でなじみのある表現ですね。英語で命令文を作るときは，文のはじめにいきなり動詞を持ってきます。ずっと主語を意識しましょうと言われてきたのに変な感じがするかもしれませんね。英語で書かれた料理や工作の本を見てみると,「ゆでなさい」「切りなさい」など命令表現がたくさん出てきますよ。

正しい語順　(**Wash** your **hands** with) soap.

解答：**2**

Let's Try!

「〜しなさい」と命令する文のほかに，「〜してはいけません」と禁止する文，「〜しましょう」と提案する文，「〜してください」と依頼する文の作り方を整理しておきましょう。命令する文が元になっています。
　次の①〜③はどの文で使う表現か，ア〜ウから選び，線で結びましょう。まずは直感で解いてみてください。

①Let's 〜. ・　　　　　　　　　　・ ア　禁止する文

②Don't 〜. ・　　　　　　　　　　・ イ　依頼する文

③Please 〜. ・　　　　　　　　　　・ ウ　提案する文

解答

① ウ　② ア　③ イ

Let's 〜.は「〜しましょう」, Don't 〜.は「〜してはいけません」, Please 〜.は「〜してください」という意味です。

📎 命令する文

Go straight.	「まっすぐ行きなさい」
Turn left.	「左に曲がりなさい」
Turn right.	「右に曲がりなさい」
Stop.	「止まりなさい」

📎 禁止する文

Don't go straight.	「まっすぐ行ってはいけません」
Don't turn left.	「左に曲がってはいけません」
Don't turn right.	「右に曲がってはいけません」
Don't stop.	「止まってはいけません」

📎 提案する文

Let's go straight.	「まっすぐ行きましょう」
Let's turn left.	「左に曲がりましょう」
Let's turn right.	「右に曲がりましょう」
Let's stop.	「止まりましょう」

📎 依頼する文

Please go straight.	「まっすぐ行ってください」
Please turn left.	「左に曲がってください」
Please turn right.	「右に曲がってください」
Please stop.	「止まってください」

> Don't / Let's / Please の後ろの動詞はすべて，s が付かない形だよ。

次からは練習問題

次の(1)から(10)までの日本文の意味を表すように①から④までを並べかえて ☐ の中に入れなさい。そして，1番目と3番目にくるものの最も適切な組合せを1，2，3，4の中から一つ選びなさい。※ただし，（　　）の中では，文のはじめにくる語も小文字になっています。

☐ **(1)** 私のために絵を描いてください。

（①for　②paint　③picture　④a ）

Please ☐[1番目]☐ ☐[3番目]☐ me.

1 ①－②　　**2** ②－③　　**3** ①－④　　**4** ③－④

☐ **(2)** リサは数学の先生ですか。

（①teacher　②Lisa　③a　④math ）

Is ☐[1番目]☐ ☐[3番目]☐ ?

1 ②－④　　**2** ④－③　　**3** ③－①　　**4** ②－①

☐ **(3)** ここでお昼ごはんを食べましょう！

（①lunch　②have　③let's　④here ）

☐[1番目]☐ ☐[3番目]☐ !

1 ②－④　　**2** ②－③　　**3** ③－①　　**4** ①－④

☐ **(4)** テーブルの上のケーキを見て！

（①the cake　②on　③at　④look ）

☐[1番目]☐ ☐[3番目]☐ the table!

1 ④－②　　**2** ①－③　　**3** ②－③　　**4** ④－①

☐ **(5)** ここにすわってもよいですか。

（①here　②can　③sit　④I ）

☐[1番目]☐ ☐[3番目]☐ ?

1 ②－③　　**2** ④－②　　**3** ②－①　　**4** ④－③

ヒント

(1) paint：（絵を）描く

(1) 解答 **2**

正しい語順▶ Please (**paint** a **picture** for) me.

解説 人に何かを頼むときにはPlease 〜.という表現を使うのでしたね。pleaseはPaint a picture for me, please.などのように，文の最後にくることもあります。

(2) 解答 **1**

正しい語順▶ Is (**Lisa a math** teacher)?

解説 Lisa is a math teacher.を疑問文にします。文はIsから始まります。肯定文と疑問文を何回も声に出して，しっかり言い分けられるようにしましょう。

(3) 解答 **3**

正しい語順▶ (**Let's** have **lunch** here)!

解説 何かしようと人に提案するときは，Let'sから言い始めます。haveは「持っている」「飼っている」という意味だけでなく，「食事をする」と言うときにも使います。

(4) 解答 **4**

正しい語順▶ (**Look** at **the cake** on) the table!

解説 命令文だとわかりましたか。いきなり動詞から始めるのでしたね。「〜を見る」はlook at 〜と言います。

(5) 解答 **1**

正しい語順▶ (**Can** I **sit** here)?

解説 疑問文です。文のはじめにくるのは何か考えます。この場合はcanです。canは「〜できる」だけでなく，「〜してもよい」の意味もあります。

☐ **(6)** ビデオカメラをさわってはいけません。

(①video ②the ③touch ④don't)

1番目		3番目	

camera.

1 ②－④   **2** ④－②   **3** ④－①   **4** ③－①

☐ **(7)** 君の自転車は黄色ですか，ジョージ。

(①your ②is ③yellow ④bicycle)

1番目		3番目	

, George?

1 ④－③   **2** ②－③   **3** ②－④   **4** ①－②

☐ **(8)** ドアを閉めてくれますか。

(①the door ②you ③close ④can)

1番目		3番目	

?

1 ③－①   **2** ④－③   **3** ②－④   **4** ③－④

☐ **(9)** あなたは朝，お茶を飲みますか。

(①drink ②tea ③you ④do)

1番目		3番目	

in the morning?

1 ④－③   **2** ④－①   **3** ③－②   **4** ①－②

☐ **(10)** 彼女は踊るのが好きですか。

(①dancing ②like ③she ④does)

1番目		3番目	

?

1 ④－②   **2** ③－①   **3** ④－①   **4** ③－②

ヒント

(7) yellow：黄色

(6) 解答 **2**

正しい語順▶ (**Don't** touch **the** video) camera.

解説 Don't は「～してはいけません」と言うときに使います。the video camera「ビデオカメラ」がひとかたまりになります。Don'tの後ろの動詞はsの付かない形がきますね。

(7) 解答 **3**

正しい語順▶ (**Is** your **bicycle** yellow), George?

解説 疑問文の作り方には慣れてきましたか。「君の自転車」をyour bicycleとかたまりでとらえることが大切です。

(8) 解答 **2**

正しい語順▶ (**Can** you **close** the door)?

解説 よく使われる表現です。ドアを閉めてほしいとお願いする場面で使ってみましょう。緊急事態ならClose the door! となります。

(9) 解答 **2**

正しい語順▶ (**Do** you **drink** tea) in the morning?

解説 You drink tea in the morning.を疑問文にします。「お茶を飲む」はdrink teaです。お茶を飲む以外にも，朝何をするか人にたずねる疑問文を考えてみましょう。

(10) 解答 **1**

正しい語順▶ (**Does** she **like** dancing)?

解説 主語がsheなので，Doesで始まりますね。「踊るのが好き」ならShe likes dancing.と言います。質問の形との違いを自分で説明してみましょう。

7
日目

筆記

3

リスニング編

8日目 ▶ 13日目

リスニング編にあたる後半6日間では，英検5級リ
スニングの問題形式を把握しましょう。

音声マークが付いている箇所は音声を再生しながら
学習を進めましょう。

会話を完成させる問題①

今日の目標　話の流れを聞き取ろう

今日からリスニング問題です。楽しみですね！　リスニングの第1部は，会話を完成させる問題です。最初に話しかけられた内容を理解し，それに対する適切な応答を選びます。リスニングはわからないところがあってもくよくよせずに，聞き取れたところを自信につなげて取り組みましょう。

ポイント1　「はい」「いいえ」で答える質問を聞き取ろう

ゆったりと全体を聞くつもりで耳をすまします。1人目の人の質問に対して，Yes「はい」なのか，No「いいえ」なのかを聞き分けると，正解が選びやすくなります。

例題 をみてよう！

 01

放送される対話

Do you go camping in summer?
1 Thank you very much.
2 I'm sleepy.
3 Yes, I go every week.

訳　あなたは夏にキャンプに行きますか。
1 どうもありがとうございます。
2 私は眠いです。
3 はい，毎週行きます。

解説　Do you ～?「あなたは～しますか」で始まる疑問文なので，Yes か No で答えます。「はい，（行きます）」と答えている**3**が正解です。キャンプに行かないときには，No, I don't. と答えます。

解答：**3**

\Let's Try!/ 音声で質問を聞きながら，自分のことを答えましょう。

① Are you from Tokyo?   Yes, I am. / No, I'm not.

② Do you go swimming in summer?   Yes, I do. / No, I don't.

③ Can you ride a bike?   Yes, I can. / No, I can't.

> ①は東京出身ですか。②は夏に泳ぎに行きますか。③は自転車に乗れますか。
> という意味だよ！　ぼくは3問とも全部Yes. だよ。

\Let's Try!/ 音声を聞きながら，イラストにあてはまる答えを○で囲みましょう。

① Does he like baseball?   Yes, he does. / No, he doesn't.

② Is he a soccer player?   Yes, he is. / No, he isn't.

③ Can he drive a car?   Yes, he can. / No, he can't.

④ Does she like animals?   Yes, she does. / No, she doesn't.

⑤ Is she a teacher?   Yes, she is. / No, she isn't.

⑥ Can she drive a car?   Yes, she can. / No, she can't.

解答 & 問題文の訳

① No, he doesn't.   ① 彼は野球が好きですか。

② Yes, he is.   ② 彼はサッカー選手ですか。

③ No, he can't.   ③ 彼は車を運転できますか。

④ Yes, she does.   ④ 彼女は動物が好きですか。

⑤ No, she isn't.   ⑤ 彼女は先生ですか。

⑥ No, she can't.   ⑥ 彼女は車を運転できますか。

> イラストにあてはまることをしっかり聞き取れたかな。

熟語に親しもう

2つ以上の単語がくっついて，1つの意味を表す言葉があります。これは，耳で聞くとひとかたまりでも，目で見るといくつかの単語に分かれているので戸惑うかもしれませんが，だんだん慣れてきますから安心してください。

例題 をみてみよう！

放送される対話

Can you speak Italian?
1 Yes, it is.
2 Yes, a little.
3 Yes, you are.

訳　あなたはイタリア語が話せますか。
1 はい，そうです。
2 はい，少し。
3 はい，あなたはそうです。

解説　Yes, a little. は3つの単語に分かれていますが，1つの表現として覚えておいてください。この例題の場合，「～できますか」と聞かれているので，「はい」とだけ答えてもよいのですが，さらに詳しく「少しだけ」とつけ加えています。ほかには「緊張していますか」「急いでいますか」などと聞かれたときの返事にも使えます。**1**から**3**まですべて Yes で始まったので，ちょっとびっくりしたかもしれませんね。落ち着いて全体を聞き取るつもりで聞いているとだんだんわかるようになるので，何回も音声を聞きましょう。

解答：**2**

Can you speak French?

Yes, a little.

いろいろな熟語を声に出して言ってみよう

☞ **a lot of**　たくさんの

a lot of cats

a lot of books

a lot of pumpkins

☞ **a glass of**　コップ1杯の（冷たい飲み物）

a glass of juice

a glass of water

a glass of milk

☞ **a cup of**　カップ1杯の（温かい飲み物）

a cup of tea

a cup of coffee

a cup of milk

☞ **a little**　少し

你好！

¡Hola!

안녕하세요?

I can speak Chinese **a little**.　I can speak Spanish **a little**.　I can speak Korean **a little**.

次からは練習問題

イラストを参考にしながら英文と応答を聞き，最も適切な応答を**1**，**2**，**3**の中から一つ選び（　　　　　）に入れなさい。英文は二度放送され，解答時間はそれぞれ10秒です。

□ **No. 1**　　　（　　　　）

□ **No. 2**　　　（　　　　）

□ **No. 3**　　　（　　　　）

□ **No. 4**　　　（　　　　）

□ **No. 5**　　　（　　　　）

ヒント　No. 1 city：都市　No. 3 post office：郵便局

74

No. 1　解答　1

🔊 06

Are you from Yokohama?

1　Yes.　It's a big city.

2　Here you are.

3　That's OK.

> あなたは横浜のご出身ですか。
>
> **1**　はい。大きな都市です。
>
> **2**　はい，どうぞ。
>
> **3**　かまいません。

解説 文がbe動詞のAreから始まっていることと，最後の音が上がっているかどうかがポイントです。疑問文だとわかれば，聞いている内容に合った応答が選べます。これは，YesまたはNoで答える問題ですね。city「都市」と言っているのもヒントです。

No. 2　解答　2

🔊 07

Do you want some cookies?

1　I see.

2　Yes, please.

3　Please help me.

> クッキーはいかがですか。
>
> **1**　わかりました。
>
> **2**　はい，お願いします。
>
> **3**　手伝ってください。

解説 Do you ～?「あなたは～しますか」で始まる疑問文なので，YesかNoで答えます。クッキーがいらないときは，No, thank you.と答えます。

8
日目

リスニング1

75

No. 3　解答 1

Is that a station?

1 No. It's a post office.

2 Good night.

3 Yes, please.

あれは駅ですか。

1 いいえ。あれは郵便局です。

2 おやすみなさい。

3 はい，お願いします。

解説 Is that 〜?は人や物をさして「あれは〜ですか」とたずねる文です。YesまたはNoで答える問題ですね。質問の意味をよく理解しましょう。

No. 4　解答 3

Can I have a glass of water?

1 That's a good idea.

2 Yes, I can.

3 Sure.

水を1杯もらえますか。

1 それはよい考えです。

2 はい，私はできます。

3 かしこまりました。

解説 a glass of waterという音のかたまりの中にコップとお水があって混乱した人もいるかもしれません。「コップ1杯のお水」と覚えましょう。温かい飲み物なら，a cup of tea「カップ1杯のお茶」などと言うのでしたね。

No. 5　解答 1　◀))) 10

Can you speak Spanish?

1 Yes, a little.

2 I like pizza.

3 It's on the desk.

あなたはスペイン語が話せますか。

1 はい，少し。

2 私はピザが好きです。

3 それは机の上です。

解説 a little「少し」という表現にはもう慣れましたか。Can you 〜?「あなたは〜できますか」と聞かれたとき，どのような場合に自分なら Yes, a little. と答えるか，考えてみましょう。例えば，Can you play the piano?などでしょうか。

会話を完成させる問題②

今日の目標

会話の「決まり文句」を覚えよう

リスニング第1部の問題の中には，「こう言われたらこう答える」という会話の「決まり文句」がまるごと出ることもあるので，これをしっかり覚えておきましょう。

ポイント1　いろいろな決まり文句を覚えよう

「決まり文句」といっても，1つの発言に対していろいろな表現があることを覚えておきましょう。例えば，「〜しなさい」と言われて同意の応答をするとき，「いいよ」「もちろん」「わかっているよ」など，いろいろな言い方がありますから，1つだけだと決めつけないで聞き取りましょう。

例題 をみてみよう！

🔊 11

放送される内容

Go to bed, Brian.
1 Good morning.
2 No, he isn't.
3 All right, Mom.

訳　寝なさい，ブライアン。
1 おはようございます。
2 いいや，彼は違うよ。
3 わかったよ，お母さん。

解説　「寝なさい」と言われているので，「わかった」というような同意の応答をすることが予想されます。同意の表現には，OK.「了解」，Sure.「いいですよ」，Of course.「もちろん」などもあります。Go to bed. は「寝なさい」という意味で使われます。

解答：3

\Let's Try!/ 人_{ひと}から話_{はな}しかけられたとき，どのように答_{こた}えますか。音声_{おんせい}を聞_ききながら，正_{ただ}しい応答_{おうとう}を下_{した}から選_{えら}びましょう。問題_{もんだい}によっては，正_{ただ}しい答_{こた}えは1つとは限_{かぎ}りません。

🔊)) 12

① How are you?

答_{こた}え＿＿＿＿＿

② Close the window, please.

答_{こた}え＿＿＿＿＿

③ Thank you for the watch.

答_{こた}え＿＿＿＿＿

④ Dinner is ready.

答_{こた}え＿＿＿＿＿

ア I'm fine, thanks.	イ I'm coming.
ウ You're welcome.	エ OK.

解答_{かいとう} & 訳_{やく}

① ア　② エ　③ ウ　④ イ，エ
① 元気_{げんき}ですか。　② 窓_{まど}を閉_しめてください。　③ 腕時計_{うでどけい}をありがとう。　④ 夕食_{ゆうしょく}ができたよ。
ア 元気_{げんき}です，ありがとう。　イ 今_{いま}，行_いきます。　ウ どういたしまして。　エ 了解_{りょうかい}。

正_{ただ}しい会話_{かいわ}のやりとりを何回_{なんかい}も声_{こえ}に出_だして言_いってみよう！

決まり文句の受け答えを聞き取ろう

今度は，言うほうと答えるほうがセットになっている表現を覚えましょう。このセットを覚えておけば，1人目の発言を聞くだけで2人目の応答を予想しながら聞くことができます。

例題 をみてみよう！ ··

🔊 13

放送される内容

Let's go shopping together.
1 It's mine.
2 I have a big book.
3 OK.

訳　いっしょに買い物に行きましょう。
1 それは私のです。
2 私は大きい本を持っています。
3 了解。

解説　誘われているので，応答は了解するか断るかです。聞こえてきた中ではOK. が了解を表していますね。断る場合はSorry, I can't.などと言うのでしたね。このようなやりとりはセットとして覚えておくとよいでしょう。実際に使う場面も多い表現です。

解答：**3**

Let's Try! おかしな答えを言っているのはだれでしょうか。
音声を聞きながら，あてはまる番号を○で囲みましょう。

🔊 14

①

It's time to go to bed.　Good night.　Good morning.　OK.

1　2　3

解答 & 訳

① 2　② 1　③ 2

① 寝る時間ですよ。　1 おやすみなさい。　2 おはようございます。　3 わかりました。

② よい週末を！　1 はい，どうぞ。　2 またね！　3 あなたもね。

③ 図書館で走ってはいけません。　1 ごめんなさい。　2 はい，どうぞ。　3 わかりました。

Here you are. や Here it is. は人に「はい，どうぞ」と物を手渡すときに使う表現だよ！

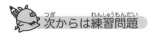
次からは練習問題

9 日目 練習問題

イラストを参考にしながら英文と応答を聞き，最も適切な応答を **1**，**2**，**3**の中から一つ選び（　　　　）に入れなさい。英文は二度放送され，解答時間はそれぞれ10秒です。

□ **No. 1** （　　　　）

□ **No. 2** （　　　　）

□ **No. 3** （　　　　）

□ **No. 4** （　　　　）

□ **No. 5** （　　　　）

ヒント　No. 3 fifteen：15　　dollar：ドル（アメリカの通貨）

No. 1　解答　1

Goodbye.　Have a nice weekend.

1 See you on Monday.

2 Here it is.

3 Sure, you can.

> さようなら。よい週末を。
> **1** また月曜日に会いましょう。
> **2** はい，どうぞ。
> **3** もちろん，よいですよ。

解説 週末を迎えるときのあいさつです。See you tomorrow. なら「また明日」，See you later. なら「また後で」という意味です。

No. 2　解答　3

It's time to go to bed.

1 Let's go shopping.

2 It's too long.

3 Good night, Dad.

> 寝る時間だよ。
> **1** 買い物に行こうよ。
> **2** それは長すぎるよ。
> **3** おやすみなさい，お父さん。

解説 あいさつの言葉をいくつ覚えましたか。朝起きてから夜寝るまでのあいさつを言ってみましょう。Good morning.「おはようございます」，Good afternoon.「こんにちは」，Good night.「おやすみなさい」などがありましたね。

9日目　リスニング1

No. 3　解答 2

17

Hi, Ken. How are you?

1 It's Monday.

2 I'm fine, thanks.

3 Fifteen dollars.

あら，ケン。元気ですか。

1 月曜日です。

2 元気です，ありがとう。

3 15ドルです。

解説 How are you?と聞かれたら，I'm fine.と答えるのが定番です。会話のやりとりをセットで覚え，英語でも気持ちよくあいさつできるようにしましょう。

No. 4　解答 3

18

Bob, open the window, please.

1 No, it isn't.

2 Every day.

3 OK, Mom.

ボブ，窓を開けてちょうだい。

1 いいえ，違うよ。

2 毎日だよ。

3 はい，お母さん。

解説 「窓を開けて」と言われたとき，OK.「了解」のほかに，Sure.「いいですよ」，Of course.「もちろん」などの返事もできます。

No. 5　解答 1

Let's eat ice cream.

1 **Sure!**

2 Yes, I am.

3 No, it can't.

アイスクリームを食べよう。

1 いいね！

2 はい，私はそうです。

3 いいえ，それはできません。

解説 誘われたときに了解する言い方に慣れてきましたか。ほかにどんな言い方があったか思い出してみましょう。

85

会話の内容を聞き取る問題①

今日の目標

いつ，どこで，だれが，何を，どうしたかを
聞き分けよう

リスニング第2部は，会話を聞いた後に質問を聞き，答えを問題用紙の
選択肢から選ぶ問題です。イラストがないので，音声に集中して会話の
やりとりや質問を正しく聞き取る必要があります。質問が「いつ」と聞
いているものなのか「どこ」と聞いているものなのかを間違えては大変
なので，1回目の放送では質問内容を正しく聞き取り，2回目はその答
えの聞き取りに集中しましょう。

ポイント1　When? Where? Who? Whose? What?

国語の時間でも，5W1Hという言葉を聞いたことがあるでしょう。ポイント1では，
When「いつ」，Where「どこ」，Who「だれ」，Whose「だれの」，What「何」をしっ
かり聞き分けて，ぴったりの答えを選んでください。

例題 をみてみよう！

))) 20

印刷された選択肢

1 In the car.　　　　　**2** In Mary's room.
3 On the sofa.　　　　**4** Under the table.

放送される対話

★：Where is your bag, Mary?
☆：It's in the car.
Question: Where is Mary's bag?

訳

★：メアリー，あなたのかばんはどこにあるの。
☆：車の中よ。
質問：メアリーのかばんはどこにありますか。
1 車の中。　　　　　　**2** メアリーの部屋の中。
3 ソファの上。　　　　**4** テーブルの下。

解説 この問題では，会話の中でも質問でも「どこ」と聞いています。最初に４つの選択肢を見て，「場所の話だな」ということを予測しておくことが大事です。多くの問題では，正解は会話文の中にありますので，しっかり選択肢を確認してから会話文を聞きましょう。

解答：1

\Let's Try!/ 写真を見てやりとりしています。質問と答えを線でつなぎましょう。

① Where is this? •   • ア   He is my father.

② When is this? •   • イ   It is my house.

③ Who is this? •   • ウ   It is last summer.

④ Whose car is this? •   • エ   It is a dog house.

⑤ What is this? •   • オ   It is my mother's car.

解答 & 訳

①イ　②ウ　③ア　④オ　⑤エ
① ここはどこですか。　　　　　　　ア 彼は私の父です。
② これはいつですか。　　　　　　　イ それは私の家です。
③ これはだれですか。　　　　　　　ウ それは去年の夏です。
④ これはだれの車ですか。　　　　　エ それは犬小屋です。
⑤ これは何ですか。　　　　　　　　オ それは私の母の車です。

What 〜? How 〜?

What「何」とHow「どう」は，What time「何時」やHow old「何歳」，How many books「何冊の本」など，ほかの単語といっしょになって疑問文を作ります。これらは1つのかたまりとして覚えましょう。

例題 をみてみよう！

🔊))21

印刷された選択肢

1 In the classroom.　　　　**2** Ms. Smith.
3 Three books.　　　　　　**4** Two hours.

放送される対話

☆：How long do you study English every day?

★：Two hours, after dinner.

Question: How long does the boy study English every day?

訳　☆：あなたは毎日どのくらい英語の勉強をしますか。
★：夕食後に2時間です。
質問：男の子は毎日どのくらい英語を勉強しますか。
1 教室で。　　　　　　　　**2** スミス先生。
3 3冊の本。　　　　　　　　**4** 2時間。

解説　How long 〜?は，「どれくらい長く〜か」をたずねる表現です。距離を聞くときも時間の長さを聞くときも同じ表現です。How much 〜?なら「いくら」，How many 〜?なら「いくつ」という意味です。2回放送されるので，1回目で質問内容を確実に聞き取り，2回目はその答えをしっかり聞き取りましょう。

解答：**4**

How many cats do you have?
あなたは猫を何匹飼っていますか。

I have three.
私は3匹飼っています。

① What is your name?

My name is (　　　　　　　　　).

② How old are you?

I am (　　　　　　　　　) years old.

③ What color do you like?

I like (　　　　　　　　　).

④ What time do you get up?

I get up at (　　　　　　　　　).

⑤ How tall are you?

I am (　　　　　　　　　) centimeters tall.

⑥ How many bags do you have?

I have (　　　　　　　　　).

⑦ How much is your notebook?

It is (　　　　　　　　　).

<ruby>訳<rt>やく</rt></ruby>

① あなたの<ruby>名前<rt>なまえ</rt></ruby>は<ruby>何<rt>なん</rt></ruby>ですか。
② あなたは<ruby>何歳<rt>なんさい</rt></ruby>ですか。
③ あなたは<ruby>何色<rt>なにいろ</rt></ruby>が<ruby>好<rt>す</rt></ruby>きですか。
④ あなたは<ruby>何時<rt>なんじ</rt></ruby>に<ruby>起<rt>お</rt></ruby>きますか。
⑤ あなたの<ruby>身長<rt>しんちょう</rt></ruby>はどれくらいですか。
⑥ あなたはかばんをいくつ<ruby>持<rt>も</rt></ruby>っていますか。
⑦ あなたのノートはいくらですか。

10
日目

リスニング2

<ruby>次<rt>つぎ</rt></ruby>からは<ruby>練習問題<rt>れんしゅうもんだい</rt></ruby>

対話と質問を聞き，その答えとして最も適切なものを**1**，**2**，**3**，**4**の中から一つ選びなさい。
英文は二度放送され，解答時間はそれぞれ10秒です。

☐ **No. 1**　　**1** To the bank.
　　　　　　2 To the zoo.
　　　　　　3 To the library.
　　　　　　4 To the hospital.

☐ **No. 2**　　**1** The boy's father's.
　　　　　　2 The boy's sister's.
　　　　　　3 The boy's pencil.
　　　　　　4 The boy's pencil case.

☐ **No. 3**　　**1** Blue.
　　　　　　2 Orange.
　　　　　　3 Brown.
　　　　　　4 Pink.

☐ **No. 4**　　**1** After dinner.
　　　　　　2 On Monday.
　　　　　　3 In the library.
　　　　　　4 Before dinner.

☐ **No. 5**　　**1** She plays tennis.
　　　　　　2 She swims.
　　　　　　3 She goes to the library.
　　　　　　4 She goes shopping.

ヒント　No. 1 zoo：動物園（どうぶつえん）　No. 3 umbrella：かさ

No. 1　解答　4

🔊)) 23

☆：Where are you going, Takeshi?

★：I'm going to the hospital.

Question: Where is Takeshi going?

1 To the bank.

2 To the zoo.

3 To the library.

4 **To the hospital.**

> ☆：どこへ行くの，タケシ。
> ★：病院に行くよ。
> 質問：タケシはどこへ行くのですか。
> **1** 銀行へ。　　　　　　　　**2** 動物園へ。
> **3** 図書館へ。　　　　　　　**4** 病院へ。

解説　会話の内容をしっかり聞き取りましょう。会話文を聞いた段階で，「質問は Where で始まるかな」と予測できるとよいですね。

No. 2　解答　2

🔊)) 24

☆：Whose pencil case is this?

★：Oh, it's my sister's.

Question: Whose pencil case is this?

1 The boy's father's.

2 **The boy's sister's.**

3 The boy's pencil.

4 The boy's pencil case.

> ☆：これはだれの筆箱ですか。
> ★：ああ，それはぼくの姉［妹］のです。
> 質問：これはだれの筆箱ですか。
> **1** 男の子のお父さんの。
> **2** 男の子の姉［妹］の。
> **3** 男の子の鉛筆。
> **4** 男の子の筆箱。

解説　Whose と聞いていましたね。これは「だれの」という意味ですから，答えは持ち主だとわかります。2回放送されるので，確実に持ち主を聞き取ってください。

No. 3　解答　1　　🔊 25

★：Is this pink umbrella yours?

☆：No, mine is blue.

Question: What color is the girl's umbrella?

1 **Blue.**

2 Orange.

3 Brown.

4 Pink.

> ★：このピンクのかさはあなたのですか。
>
> ☆：いいえ，私のは青色です。
>
> 質問：女の子のかさは何色ですか。
>
> **1** 青。　　　　　　　　　**2** オレンジ。
>
> **3** 茶。　　　　　　　　　**4** ピンク。

解説　色を聞かれているとわかりましたね。会話文の内容を理解することで自信を持って答えられるでしょう。

No. 4　解答　4　　🔊 26

★：When do you do your homework, Jane?

☆：I do my homework before dinner. How about you?

Question: When does Jane do her homework?

1 After dinner.

2 On Monday.

3 In the library.

4 **Before dinner.**

> ★：君はいつ宿題をするの，ジェーン。
>
> ☆：夕食の前よ。あなたはどうなの。
>
> 質問：ジェーンはいつ宿題をしますか。
>
> **1** 夕食の後。
>
> **2** 月曜日に。
>
> **3** 図書館で。
>
> **4** 夕食の前。

解説　何を聞き取るか，わかりましたか。Whenと言っているので，「いつ」ですね。選択肢を先に見て予測を立てることに慣れてきましたか。音声を聞く前から，3は1つだけ違うと見抜くのも大切です。

No. 5　解答 3

★：What do you do on weekends, Susan?

☆：I go to the library, Tim.

Question: What does Susan do on weekends?

1 She plays tennis.

2 She swims.

3 She goes to the library.

4 She goes shopping.

★：君は毎週末に何をするの，スーザン。

☆：私は図書館に行くの，ティム。

質問：スーザンは毎週末に何をしますか。

1 彼女はテニスをします。 **2** 彼女は泳ぎます。

3 彼女は図書館に行きます。 **4** 彼女は買い物に行きます。

解説 この問題では会話の中でも質問でも「何をするのか」を聞いています。問題文を見ながら何度か音声を聞いたら，次に音声の後について問題文を読んでみましょう。

11 日目

会話の内容を聞き取る問題②

今日の目標　**数をしっかり聞き取ろう**

5級では，数を聞き取る問題が必ず出題されます。数の表現は，値段，時刻，身長，人数，電話番号など数え切れないほど私たちの暮らしと深く関わっています。英語でも数が使えるととても便利なので，自信を持って使えるように身につけましょう。

ポイント1　数を聞き間違えないようにしよう

　数なんて簡単だと思っていませんか。英語で1から10までを順に言うことはできても，ある数字をぱっと言うのはなかなか難しいです。根気よく取り組むことがとても大切です。数字が言えると，値段，身長，個数，年号などいろいろなことを自由に表現できます。どんどん使ってみてください。

例題 をみてみよう！

🔊 28

印刷された選択肢

1 Ten years old.　　**2** Eleven years old.

3 Twelve years old.　　**4** Thirteen years old.

放送される対話

☆：My brother is eleven years old.　How about your brother, Ken?

★：He is twelve years old.

Question: How old is Ken's brother?

訳　☆：私の兄［弟］は11歳よ。あなたの兄［弟］は何歳なの，ケン。
　　★：彼は12歳だよ。
　　質問：ケンの兄［弟］は何歳ですか。
　　1 10歳　　**2** 11歳　　**3** 12歳　　**4** 13歳

解説　選択肢の数字は，アルファベットで書かれることもあるので，読み取れるようにしておくことが大切です。会話文の中に出てきた数字をしっかり聞き取りましょう。

解答：**3**

📎 1から10まできちんと言えるかな 29

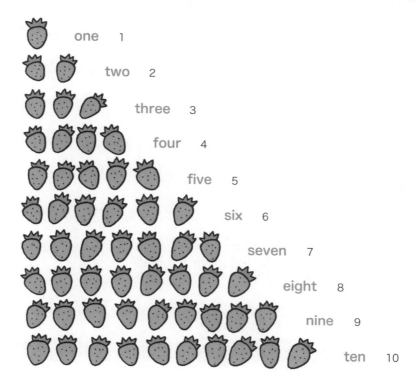

one   1

two   2

three   3

four   4

five   5

six   6

seven   7

eight   8

nine   9

ten   10

📎 もっと大きい数を声に出して覚えよう 🔊30

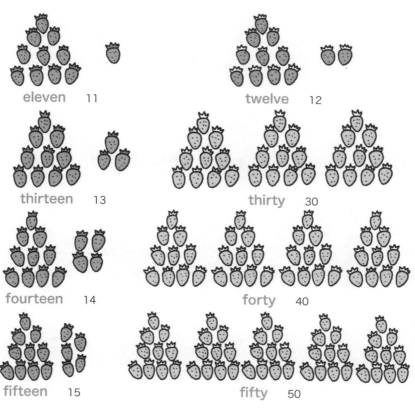

eleven   11   twelve   12

thirteen   13   thirty   30

fourteen   14   forty   40

fifteen   15   fifty   50

11
日目

リスニング 2

95

日付や順序，何番目の○○という表現は，よく出題されるので，確実に答えられるようにしましょう。

例題 をみてみよう！

🔊)) 31

印刷された選択肢

1 July 10th.　　　　　**2** August 17th.
3 August 10th.　　　　**4** July 17th.

放送される対話

☆：When is the town festival?　Is it on August 10th?
★：No.　It's on August 17th.
Question: When is the town festival?

訳

☆：町のお祭りはいつだっけ。8月10日だっけ。
★：いや。8月17日だよ。
質問：町のお祭りはいつですか。
1 7月10日。　　　　　**2** 8月17日。
3 8月10日。　　　　　**4** 7月17日。

解説 選択肢を見ると日付を聞き取らせる問題だな，とわかりますね。会話文に出てきた日付をメモして，質問に対応できるようにしましょう。日付を言うときには，順番を表す表現を使います。元の数と似ているものもありますが，違うものもありますから，しっかり慣れておきましょう。

解答：**2**

Let's Try! それぞれの月が1年の中で何番目の月なのか，正しい文になるように線で結びましょう。

①February is　・　　　・ア　the fifth month of the year.

②May is　　　・　　　・イ　the tenth month of the year.

③December is ・　　　・ウ　the second month of the year.

④July is　　　・　　　・エ　the seventh month of the year.

⑤October is　・　　　・オ　the twelfth month of the year.

解答
①ウ　②ア　③オ　④エ　⑤イ

🔊 32

 first

 second

 third

 fourth

 fifth

sixth

 seventh

eighth

ninth

 tenth

eleventh

 twelfth

thirteenth

 fourteenth

 fifteenth

sixteenth

 seventeenth

 eighteenth

 nineteenth

 twentieth

 twenty-first

 twenty-second

 twenty-third

twenty-fourth

 twenty-fifth

 twenty-sixth

 twenty-seventh

twenty-eighth

twenty-ninth

 thirtieth

 thirty-first

11 日目

リスニング 2

次からは練習問題

97

対話と質問を聞き，その答えとして最も適切なものを**1**, **2**, **3**, **4**の中から一つ選びなさい。
英文は二度放送され，解答時間はそれぞれ10秒です。

☐ **No. 1**　　**1** $100.
　　　　　　2 $112.
　　　　　　3 $120.
　　　　　　4 $125.

☐ **No. 2**　　**1** At 3:15.
　　　　　　2 At 3:50.
　　　　　　3 At 5:15.
　　　　　　4 At 5:50.

☐ **No. 3**　　**1** 2.
　　　　　　2 3.
　　　　　　3 4.
　　　　　　4 5.

☐ **No. 4**　　**1** 3.
　　　　　　2 13.
　　　　　　3 30.
　　　　　　4 33.

☐ **No. 5**　　**1** Five meters.
　　　　　　2 Fifteen meters.
　　　　　　3 Fifty meters.
　　　　　　4 Fifty-five meters.

No. 1　解答 3　　　🔊 33

☆：How much is this chair?

★：It's one hundred and twenty dollars.

Question: How much is the chair?

1 $100.

2 $112.

3 $120.

4 $125.

> ☆：このいすはいくらですか。
>
> ★：120ドルです。
>
> 質問：いすはいくらですか。
>
> **1** 100ドル。　　　**2** 112ドル。　　　**3** 120ドル。　　　**4** 125ドル。

解説 3けたの数字が出題されることもあるので，しっかり聞き取れるようにしましょう。

No. 2　解答 1　　　🔊 34

☆：What time does your violin lesson start, Tom?

★：It starts at 3:15.

Question: What time does Tom's violin lesson start?

1 At 3:15.

2 At 3:50.

3 At 5:15.

4 At 5:50.

> ☆：あなたのバイオリンレッスンは何時に始まりますか，トム。
>
> ★：3時15分に始まります。
>
> 質問：トムのバイオリンレッスンは何時に始まりますか。
>
> **1** 3時15分。　　　**2** 3時50分。　　　**3** 5時15分。　　　**4** 5時50分。

解説 数字は，時刻や電話番号，物の大きさや個数など，生活の中で重要な役割を果たします。しっかり覚えましょう。

No. 3 解答 **2** 🔊 35

☆：I have a brother and a sister. How about you, Steve?

★：I have two brothers and one sister.

Question: How many brothers and sisters does Steve have?

1 2.

2 3.

3 4.

4 5.

☆：私には兄弟が1人と姉妹が1人いるの。あなたはどう，スティーヴ。

★：ぼくには兄弟が2人と姉妹が1人いるよ。

質問：スティーヴには兄弟姉妹が何人いますか。

1 2人。　　**2** 3人。　　**3** 4人。　　**4** 5人。

解説 会話の中の数字を聞き取る問題です。さまざまな物の数を表す語が登場しても，メモをとるなどして，あわてずに聞きましょう。

No. 4 解答 **3** 🔊 36

☆：How many pieces of candy are in the can? Let's count.

★：One, two, three, four …. There are 30 pieces.

Question: How many pieces of candy are in the can?

1 3.

2 13.

3 30.

4 33.

☆：缶の中に，いくつアメがあるかな。数えてみよう。

★：1，2，3，4…。30個あるよ。

質問：缶の中にはいくつアメがありますか。

1 3個。　　**2** 13個。　　**3** 30個。　　**4** 33個。

解説 13（thirteen）と30（thirty）など，まぎらわしい数字は特に注意して聞き取る練習をしておきましょう。

No. 5　解答 2

★：How high is the building?

☆：It's fifteen meters high.

Question: How high is the building?

1 Five meters.

2 Fifteen meters.

3 Fifty meters.

4 Fifty-five meters.

★：そのビルの高さはどれくらいですか。

☆：15メートルです。

質問：そのビルの高さはどれくらいですか。

1 5メートル。　　　　**2** 15メートル。　　　　**3** 50メートル。　　　　**4** 55メートル。

解説　高いビルも低いビルもあるので，予測しながら聞くのが少し難しいかもしれません。数の音の違いに気をつけてしっかり聞き取りましょう。

イラストを見て適切な英文を選ぶ問題①

今日の目標

「場所」と「時」を表す単語を覚えよう！

リスニング第3部は，イラストを見ながら英語を聞き取る問題です。場所と時を答える問題はよく出題されるので，自信を持って答えられるように準備しておきましょう。

ポイント1　知っておきたい「場所」の単語を覚えよう

　kitchen「台所」のような家の中や，park「公園」のように身近な場所だけではなく，airport「空港」などのあまりなじみのない場所も含めて，いろいろな場所の言い方に慣れておきましょう。

例題 をみてみよう！

🔊))38

放送される対話

1 Ann and Jenny are at a station.

2 Ann and Jenny are at a department store.

3 Ann and Jenny are at a restaurant.

訳　**1** アンとジェニーは駅にいます。

　　　2 アンとジェニーはデパートにいます。

　　　3 アンとジェニーはレストランにいます。

解説　イラストを見て内容を予想してから英文を聞くようにします。restaurant「レストラン」のように，日本語でなじみのある単語でも，英語で発音されると日本語とは全然違うので驚いてしまうかもしれません。英語の音に慣れておくことが肝心です。

解答：**3**

📎 家の中の場所を言ってみよう

\Let's Try!/ おなかがすいたときに行くところはどこでしょうか。音声を
聞きながら，あてはまる番号をすべて○で囲みましょう。

12
日目

リスニング 3

解答 & 訳

⑤，⑦

① 動物園　② 駅　③ 学校　④ 公園　⑤ スーパーマーケット　⑥ 図書館　⑦ レストラン

「時」を表す言い方を身につけよう

曜日や月，季節，秒・分・時など，時に関連する表現はたくさんあります。頭の中でいろいろな時を思い浮かべながら，練習しましょう。

🔊 **例題** をみてみよう！

🔊 41

放送される対話

1　Today is March 7th.
2　Today is May 7th.
3　Today is March 9th.

訳　1　今日は3月7日です。
　　2　今日は5月7日です。
　　3　今日は3月9日です。

解説　英語で1月から12月までの言い方を覚えるのは大変ですが，よく出題されるので準備しておきましょう。自分や家族の誕生月から覚えるのもよい方法です。月日だけでなく，曜日，季節なども計画的に覚えていきましょう。

解答：**2**

📎 **1月から12月までをすらすら言えるようになろう**

🔊 42

January　1月

February　2月

March　3月

April　4月

May　5月

June　6月

July　7月

August　8月

September　9月

October　10月

November　11月

December　12月

四季は言えるかな　　　🔊)) 43

spring 春　　　summer 夏　　　fall 秋　　　winter 冬

 時刻もきっちり言えるようにしよう　　　🔊)) 44

three o'clock　　three fifteen　　three thirty　　three forty-five

3時　　　　3時15分　　　3時30分　　　3時45分

\Let's Try!/　曜日を正しく結びましょう。

① Monday　　　•　　　•　ア　日曜日
② Wednesday　•　　　•　イ　水曜日
③ Sunday　　　•　　　•　ウ　月曜日
④ Friday　　　•　　　•　エ　木曜日
⑤ Tuesday　　•　　　•　オ　火曜日
⑥ Saturday　　•　　　•　カ　金曜日
⑦ Thursday　　•　　　•　キ　土曜日

解答
①ウ　②イ　③ア　④カ　⑤オ　⑥キ　⑦エ

12
日目

リスニング3

次からは練習問題

三つの英文を聞き，その中から絵の内容を最もよく表しているものを一つ選び（　　　）に入れなさい。英文は二度放送され，解答時間はそれぞれ10秒です。

No. 1　（　　　）

No. 2　（　　　）

No. 3　（　　　）

No. 4　（　　　）

No. 5　（　　　）

ヒント

No. 1 newspaper：新聞　　No. 4 math：数学

No. 1　解答 3　🔊45

1 The newspaper is under the table.

2 The newspaper is by the table.

3 **The newspaper is on the table.**

> **1** 新聞はテーブルの下にあります。
> **2** 新聞はテーブルのそばにあります。
> **3** 新聞はテーブルの上にあります。

解説 under「～の下に」，by「～のそばに」，on「～の上に」という意味でしたね。ほかに新聞が置いてありそうなところを英語で表現してみましょう。

No. 2　解答 1　🔊46

1 **Miki is in the kitchen.**

2 Miki is in the living room.

3 Miki is in the bathroom.

> **1** ミキは台所にいます。
> **2** ミキは居間にいます。
> **3** ミキは浴室にいます。

解説 家の中でI'm in the kitchen. や，I'm in the living room. などとつぶやいてみましょう。

No. 3　解答 3　🔊47

1 Mom is at the station.

2 Mom is at the library.

3 **Mom is at the park.**

> **1** お母さんは駅にいます。
> **2** お母さんは図書館にいます。
> **3** お母さんは公園にいます。

解説 町の中にある施設の言い方を覚えておきましょう。学校と家の間にある施設を英語でどんどん言ってみましょう。

No. 4　解答 1　🔊 48

1 The math test is on Friday.

2 The math test is on Wednesday.

3 The math test is on Monday.

1 数学のテストは金曜日にあります。
2 数学のテストは水曜日にあります。
3 数学のテストは月曜日にあります。

解説 もう曜日を聞き取ることも読むこともできるようになりましたか。確実に聞き取って自信につなげてください。

No. 5　解答 3　🔊 49

1 It's eight two now.

2 It's eight twelve now.

3 It's eight twenty now.

1 今，8時2分です。
2 今，8時12分です。
3 今，8時20分です。

解説 時刻を聞き取る問題はよく出題されます。ふだんの生活の中でも，今の時刻を英語で言うなどして，慣れておきましょう。

リスニング編も残り1日！
あともう少しいっしょにがんばろう。

イラストを見て適切な英文を選ぶ問題②

今日の目標

イラストを有効に使おう
　　　　ゆう こう　つか

リスニング第3部では，イラストが大きな助けになります。イラストを
　　　　　　だい　　ぶ　　　　　　　　　　　　おお　　たす
見ることで「こういう問題が出るかな」と予測して放送を待つことがで
み　　　　　　　　　　　　もんだい　で　　　　　よそく　　ほうそう　ま
きます。ぜひイラストを味方につけて，正解を選んでください。
　　　　　　　　　　　　みかた　　　　　せいかい　えら

ポイント1　　名詞を聞き逃さないようにしよう
　　　　　　　めい し　　き　のが

　職業やからだの部位はよく出題されますので，イラストから予想しつつ，選択肢を聞き
しょくぎょう　　　　　　ぶ い　　　　　しゅつだい　　　　　　　　　　　　　　　よそう　　　　せんたくし　き
逃さないようにしましょう。知りたい職業やからだの部位の言い方を自分でも調べてその
のが　　　　　　　　　　　　し　　　　しょくぎょう　　　　　　ぶ い　　い　かた　じ ぶん　　しら
発音をよく聞いてみましょう。
はつおん　　き

例題 をみてみよう！

 50

放送される内容

1 She is a cook.
2 She is a doctor.
3 She is a singer.

訳
1 彼女は料理人です。
　かのじょ　りょうり にん
2 彼女は医者です。
　かのじょ　い しゃ
3 彼女は歌手です。
　かのじょ　か しゅ

解説　問題文の音声が流れる前から内容を予想できるとよいですね。もし，イラスト
もんだいぶん　おんせい　なが　　まえ　　ないよう　よそう
を見ただけでは言い方がわからなくても，音声をよく聞いて，doctor や singer
み　　　　　　い　かた　　　　　　　　　おんせい　　き
など「違うもの」を聞き分けられれば，正解にたどり着けることもあります。
ちが　　　　　き　わ　　　　　　　せいかい　　　つ
　　　　　　　　　　　　　　　　　　　　　　　　　　　　　解答：1
かいとう

いろいろな職業を言ってみよう 🔊 51

doctor
医者

teacher
先生

driver
運転手

cook
料理人

firefighter
消防士

singer
歌手

からだの部位を言ってみよう 🔊 52

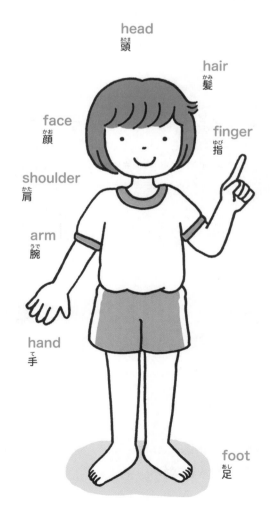

head
頭

hair
髪

face
顔

finger
指

shoulder
肩

arm
腕

hand
手

foot
足

天気を言ってみよう 🔊 53

sunny
晴れ

rainy
雨

cloudy
くもり

snowy
雪

何をしているところかを問う問題もよく出題されます。2日目のポイント2（22ページ）も，もう一度見ておきましょう。問題のイラストを見ながら，出題される問題文を予想して声に出して言ってみましょう。とてもよい練習になりますよ。

例題 をみてみよう！

放送される内容

1 Peter is cutting a pizza.
2 Peter is eating a pizza.
3 Peter is making a pizza.

訳
1 ピーターはピザを切っています。
2 ピーターはピザを食べています。
3 ピーターはピザを作っています。

解説　イラストを見て，どんな英文が聞こえてきそうか予想します。「きっとピザと言うだろう」と予想できましたか。男性はピザをどうしているのでしょうか。前もって考えておくと，余裕を持って解答を選ぶことができます。イラストを描くのが好きな人は，自分でイラストを描いて問題を作ってみましょう。

解答：**3**

JimとJaneがいろいろなことをしているよ

☞ Jimのしていることを声に出して言ってみよう

Jim is cutting a cake.
ジムはケーキを切っています。

Jim is drinking tea.
ジムはお茶を飲んでいます。

Jim is eating sandwiches.
ジムはサンドイッチを食べています。

Jim is looking at a picture.
ジムは絵を見ています。

Jim is walking in the mountains.
ジムは山の中を歩いています。

☞ Janeのしていることを声に出して言ってみよう

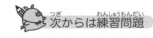 56

Jane is cycling.
ジェーンは自転車に乗っています。

Jane is running.
ジェーンは走っています。

Jane is writing an e-mail.
ジェーンはEメールを書いています。

Jane is painting a picture.
ジェーンは絵を描いています。

Jane is brushing her teeth.
ジェーンは歯をみがいています。

13
日目

リスニング3

次からは練習問題

三つの英文を聞き，その中から絵の内容を最もよく表しているものを一つ選び（　　　）に入れなさい。英文は二度放送され，解答時間はそれぞれ10秒です。

☐ **No. 1** （　　　）

☐ **No. 2** （　　　）

☐ **No. 3** （　　　）

☐ **No. 4** （　　　）

☐ **No. 5** （　　　）

ヒント　　No. 4 skip：スキップする　　No. 5 push：〜を押す

No. 1　解答 2　🔊 57

1 Betty is a pianist.

2 **Betty is a soccer player.**

3 Betty is a teacher.

> **1** ベティはピアニストです。
> **2** ベティはサッカー選手です。
> **3** ベティは教師です。

解説 聞いてわかる職業が増えてきましたね。自分が出題者になったつもりでさまざまな職業を表す文を考えて，使える単語を増やしていきましょう。

No. 2　解答 3　🔊 58

1 It's sunny today.

2 It's cloudy today.

3 **It's snowy today.**

> **1** 今日は晴れです。
> **2** 今日はくもりです。
> **3** 今日は雪です。

解説 天気の言い方はふだんの生活でもよく使われますので，十分に慣れておきましょう。イラストでは雪が降っていますね。答えは**3**です。

No. 3　解答 2　🔊 59

1 A bird is on his head.

2 **A bird is on his shoulder.**

3 A bird is on his finger.

> **1** 鳥は彼の頭の上にいます。
> **2** 鳥は彼の肩の上にいます。
> **3** 鳥は彼の指の上にいます。

解説 ほほえましいイラストですね。イラストから，「動物」か「からだの部位」を聞き取る問題だと予想できましたか。**2**まで聞くと「動物」の聞き取りではないことがはっきりしますね。

No. 4　解答　2　🔊 60

1 Rick is skipping in the mountains.

2 **Rick is walking in the mountains.**

3 Rick is running in the mountains.

1 リックは山の中でスキップしています。

2 リックは山の中を歩いています。

3 リックは山の中を走っています。

解説　文の真ん中の部分を聞き分けることは，文のはじめや終わりを聞き分けるより少し難しく感じるかもしれません。解答を見ながら音声を聞くのも練習になります。

No. 5　解答　1　🔊 61

1 **Jane is driving a car.**

2 Jane is buying a car.

3 Jane is pushing a car.

1 ジェーンは車を運転しています。

2 ジェーンは車を買っています。

3 ジェーンは車を押しています。

解説　運転する乗り物はcar「車」のほかに，truck「トラック」，bus「バス」，taxi「タクシー」などがあります。

ここまでよくがんばってきたね！

筆記（1日目〜7日目）とリスニング（8日目〜13日目）の対策をしっかりやってきた自分に自信を持とう。

14日目は今の自分の実力を測る「実力完成模擬テスト」だよ。今の自分がどれくらい英検5級の問題を解けるか，実力を試してみよう！

14日目 実力完成模擬テスト

筆記　試験時間 **25**分

1 次の**(1)**から**(15)**までの（　　　　　）に入れるのに最も適切なものを**1**，**2**，**3**，**4**の中から一つ選び，その番号のマーク欄をぬりつぶしなさい。

---

(1) January is the (　　　　) month of the year.
    1 first   **2** second   **3** third   **4** fourth

(2) My mother is a (　　　　).　She works at a hospital.
    1 driver   **2** baker   **3** doctor   **4** singer

(3) *A:* What time do you usually (　　　　) up, Mark?
    B: Around six.
    1 sleep   **2** have   **3** do   **4** get

(4) *A:* Let's go to the department store.
    B: Good idea.　I like (　　　　).
    1 talking   **2** writing   **3** sleeping   **4** shopping

(5) Mr. Jackson and Ms. Saito (　　　　) English teachers.
    1 do   **2** am   **3** is   **4** are

(6) *A:* What is the next class?
    B: It's (　　　　).
    1 science   **2** sofa   **3** bread   **4** spoon

(7) *A:* Which do you like, coffee (　　　　) tea?
    B: I like tea.
    1 of   **2** or   **3** but   **4** and

解答用紙は巻末の専用マークシートをご利用ください。
解答・解説は126ページから。

(8) *A:* Where is Fred?

B: He is (　　　　) some juice in the kitchen.

1 drinks **2** drinking **3** drank **4** drink

(9) *A:* Do you (　　　　) Jane?

B: Yes. She is my classmate. She is a nice girl.

1 study **2** know **3** have **4** paint

(10) She is a good singer. I like (　　　　) very much.

1 me **2** him **3** them **4** her

(11) Let's make sandwiches for (　　　　).

1 rice **2** bread **3** lunch **4** kitchen

(12) *A:* Where is my book?

B: It's (　　　　) the sofa.

1 of **2** to **3** on **4** after

(13) *A:* Let's run (　　　　) the park to the library.

B: OK.

1 for **2** at **3** from **4** in

(14) *A:* Do you like pizza?

B: No, I (　　　　). I like Japanese food.

1 aren't **2** isn't **3** don't **4** doesn't

(15) I am tired. I want to (　　　　).

1 sleep **2** jump **3** run **4** have

(16) **Boy:** Is Mark in the soccer team?

　　　Girl: Yes. （　　　　　）

　　　1 He's a good player.　　　　　　**2** Before school.

　　　3 I have one.　　　　　　　　　　**4** It's on the desk.

(17) **Mother:** Don't forget the key!

　　　Girl: （　　　　　） I have it in my pocket.

　　　1 It's 234-1234.　　　　　　　　**2** I like strawberries.

　　　3 Sure.　　　　　　　　　　　　**4** It's sunny today.

(18) **Girl:** （　　　　　）

　　　Boy: In the river.

　　　1 What is it?　　　　　　　　　　**2** How long is the river?

　　　3 Where do you swim in summer?　**4** When do you go swimming?

(19) **Boy:** How many books do you have?

　　　Girl: （　　　　　） I like reading.

　　　1 Nice to meet you.　　　　　　　**2** I have many.

　　　3 I'm 10 years old.　　　　　　　**4** Good night.

(20) **Girl:** Do you play basketball?

　　　Boy: Yes, （　　　　　）.

　　　1 I don't　　　　　　　　　　　　**2** I do

　　　3 it does　　　　　　　　　　　　**4** I can't

3　次の(21)から(25)までの日本文の意味を表すように①から④までを並べかえて□の中に入れなさい。そして，１番目と３番目にくるものの最も適切な組合せを**1**，**2**，**3**，**4**の中から一つ選び，その番号のマーク欄をぬりつぶしなさい。

※ただし，（　　）の中では，文のはじめにくる語も小文字になっています。

---

(21) 私たちの学校へようこそ。

（ ①to　②school　③our　④welcome ）

1番目		3番目	

．

1 ③ — ②　　　**2** ① — ②　　　**3** ④ — ③　　　**4** ④ — ①

(22) 私の父は車を持っていません。

（ ①have　②a car　③doesn't　④my father ）

1番目		3番目	

．

1 ① — ④　　　**2** ④ — ①　　　**3** ③ — ②　　　**4** ④ — ②

(23) ルーシーは動物園で働いています。

（ ①at　②Lucy　③a zoo　④works ）

1番目		3番目	

．

1 ② — ①　　　**2** ② — ④　　　**3** ① — ③　　　**4** ④ — ③

(24) あなたのペンを使ってもよいですか。

（ ①can　②I　③your　④use ）

1番目		3番目	

pen?

1 ① — ④　　　**2** ③ — ④　　　**3** ② — ①　　　**4** ③ — ②

(25) あなたの妹さんの誕生日はいつですか。

（ ①when　②sister's　③is　④your ）

1番目		3番目	

birthday?

1 ① — ③　　　**2** ② — ③　　　**3** ① — ④　　　**4** ② — ④

5級リスニングテストについて

1　このテストには，第1部から第3部まであります。
　☆英文は二度放送されます。
　第1部：イラストを参考にしながら英文と応答を聞き，最も適切な応答を **1**, **2**, **3**
　　　　の中から一つ選びなさい。
　第2部：対話と質問を聞き，その答えとして最も適切なものを **1**, **2**, **3**, **4** の中か
　　　　ら一つ選びなさい。
　第3部：三つの英文を聞き，その中から絵の内容を最もよく表しているものを一つ
　　　　選びなさい。
2　**No. 25** の後，10秒すると試験終了の合図がありますので，筆記用具を置いてくだ
　さい。

リスニング第1部 🔊))) 62〜72

No. 1

No. 2

No. 3

No. 4

No. 5

No. 6

No. 7

No. 8

No. 9

No. 10

14
日目

実力完成模擬テスト

No. 11　**1** The guitar.
　　　　　2 The piano.
　　　　　3 The violin.
　　　　　4 The drum.

No. 12　**1** To the gym.
　　　　　2 To the supermarket.
　　　　　3 To the mountains.
　　　　　4 To the library.

No. 13　**1** 100 yen.
　　　　　2 150 yen.
　　　　　3 200 yen.
　　　　　4 250 yen.

No. 14　**1** She wants roses.
　　　　　2 She wants apples.
　　　　　3 She wants tulips.
　　　　　4 She wants bananas.

No. 15　**1** September 9th.
　　　　　2 October 10th.
　　　　　3 November 11th.
　　　　　4 December 12th.

No. 16

No. 17

No. 18

No. 19

No. 20

No. 21

No. 22

No. 23

No. 24

No. 25

実力完成模擬テスト 解答一覧

正解を赤で示しています（実際の試験ではHBの黒鉛筆またはシャープペンシルを使用してください）。

解 答 欄

問題番号		1	2	3	4
1	(1)	**1**	②	③	④
	(2)	①	②	**3**	④
	(3)	①	②	③	**4**
	(4)	①	②	③	**4**
	(5)	①	②	③	**4**
	(6)	**1**	②	③	④
	(7)	①	**2**	③	④
	(8)	①	**2**	③	④
	(9)	①	**2**	③	④
	(10)	①	②	③	**4**
	(11)	①	②	**3**	④
	(12)	①	**2**	③	④
	(13)	①	②	**3**	④
	(14)	①	②	**3**	④
	(15)	**1**	②	③	④

解 答 欄

問題番号		1	2	3	4
2	(16)	**1**	②	③	④
	(17)	①	②	**3**	④
	(18)	①	②	**3**	④
	(19)	①	**2**	③	④
	(20)	①	**2**	③	④
3	(21)	①	②	**3**	④
	(22)	①	**2**	③	④
	(23)	**1**	②	③	④
	(24)	**1**	②	③	④
	(25)	①	②	**3**	④

リスニング解答欄

問題番号		1	2	3	4
第1部	No. 1	①	**2**	③	
	No. 2	①	**2**	③	
	No. 3	**1**	②	③	
	No. 4	①	**2**	③	
	No. 5	①	**2**	③	
	No. 6	**1**	②	③	
	No. 7	①	**2**	③	
	No. 8	①	②	**3**	
	No. 9	①	②	**3**	
	No. 10	①	②	**3**	
第2部	No. 11	**1**	②	③	④
	No. 12	①	②	**3**	④
	No. 13	①	**2**	③	④
	No. 14	**1**	②	③	④
	No. 15	①	②	**3**	④
第3部	No. 16	①	**2**	③	
	No. 17	**1**	②	③	
	No. 18	**1**	②	③	
	No. 19	①	②	**3**	
	No. 20	①	**2**	③	
	No. 21	①	**2**	③	
	No. 22	①	②	**3**	
	No. 23	①	②	**3**	
	No. 24	①	②	**3**	
	No. 25	①	**2**	③	

間違えた問題は，127ページからの解説をじっくりと読み，しっかり復習しよう。

筆記1

(1) 解答 1

1月は1年の1番目の月です。
1 1番目の　　**2** 2番目の　　**3** 3番目の　　**4** 4番目の

解説 月の言い方はしっかり覚えましたか。うっかりすると間違えてしまうので，慎重に答えを選びましょう。

(2) 解答 3

私の母は医者です。彼女は病院で働いています。
1 運転手　　**2** パン屋　　**3** 医者　　**4** 歌手

解説 hospital「病院」と関連のある単語を探します。正解の医者のほかには，nurse「看護師」なども考えられますね。

(3) 解答 4

A: あなたはふだん何時に起きますか，マーク。
B: 6時頃です。
1 眠る　　**2** 〜を持っている　　**3** 〜をする　　**4**（get upで）起きる

解説 2つの単語で1つの意味になる英語にも慣れましょう。覚えておくととても便利です。

(4) 解答 4

A: デパートに行こう。
B: よい考えですね。私は買い物が好きです。
1 話すこと　　**2** 書くこと　　**3** 眠ること　　**4** 買い物

解説 デパートとの関連でshopping「買い物」に結びつけます。

(5) 解答 4

ジャクソンさんと斉藤さんは英語の先生です。

解説 ジャクソンさんと斉藤さんの2人が主語なので，areを選びます。「だれ」のことを言っているのか注意深く確認しましょう。

(6) 解答 1

A: 次の授業は何ですか。
B: 理科です。

1 理科　　2 ソファ　　3 パン　　4 スプーン

解説 学校での会話だとわかりましたか。授業と関連のある単語を選びます。

(7) 解答 2

A: あなたはコーヒーか紅茶，どちらが好きですか。
B: 紅茶が好きです。

1 ～の　　2 ～か，または　　3 しかし　　4 ～と

解説 Which「どちらか」と聞いているので，orを選びます。

(8) 解答 2

A: フレッドはどこにいますか。
B: 彼は台所でジュースを飲んでいます。

解説 （　　　）の直前にisがあることがポイントです。is ～ingで「今～しています」という意味になるのですね。

(9) 解答 2

A: あなたはジェーンを知っていますか。
B: はい。彼女は私の同級生です。親切な女の子です。

1 ～を勉強する　　2 ～を知っている　　3 ～を持っている　　4 ～を描く

解説 know「～を知っている」のように動作を表さない動詞もたくさんあります。からだだけでなく，頭や心ですることも動詞なのです。

(10) 解答 4

彼女はよい歌手です。私は彼女がとても好きです。

1 私を　　2 彼を　　3 彼らを　　4 彼女を

解説 1人の女の人のことを話しているので，答えはherです。ほかの選択肢が答えになるような問題を自分で考えてみましょう。

(11) 解答 3

昼食にサンドイッチを作りましょう。

1 お米　　2 パン　　3 昼食　　4 台所

解説 食べ物関連の言葉の中からどれを選べばよいか迷いますね。for lunchで「昼食に」という意味になります。forに注目してlunchを選びます。

(12) 解答 3

A: 私の本はどこですか。
B: ソファの上です。
1 ～の　　**2** ～へ　　**3** ～の上に　　**4** ～の後に

解説 物が置いてある場所の言い方にも慣れましたね。本を置きそうな場所の言い方を考えておきましょう。

(13) 解答 3

A: 公園から図書館まで走りましょう。
B: 了解。
1 ～へ　　**2** ～で　　**3** ～から　　**4** ～の中で

解説 from ～ to ...で「どこからどこまで」とか，「いつからいつまで」という意味でしたね。

(14) 解答 3

A: あなたはピザが好きですか。
B: いいえ，好きではありません。私は日本食が好きです。

解説 Do you like ～?「～が好きですか」と聞かれたら，Yes「はい」またはNo「いいえ」で答えるのでしたね。don'tはdo notの短縮形です。どちらも使えるようにしておきましょう。

(15) 解答 1

私は疲れています。私は眠りたいです。
1 眠る　　**2** ジャンプする　　**3** 走る　　**4** ～を持っている

解説 疲れているときに「したいこと」want to ～を考えます。運動ではなく，「眠りたい」という意味になるsleepが正解です。

筆記2

(16) 解答 1

男の子：マークはサッカーチームに入っていますか。
女の子：はい。彼はすばらしい選手です。
1 彼はすばらしい選手です。　　　　**2** 始業前です。
3 私は1つ持っています。　　　　　**4** それは机の上です。

解説 話の流れを予想して，ふさわしい答えを選びます。そのために，1つ目の会話文をしっかり理解することが肝心です。

(17) 解答 3

母親：カギを忘れないで！

女の子：もちろん。ポケットに入ってるわ。

1 234–1234 です。 **2** 私はイチゴが好きです。

3 もちろん。 **4** 今日は晴れています。

解説 Sure. は指示に従うとき，賛同するときなどいろいろな場面で使われます。

(18) 解答 3

女の子：あなたは夏にどこで泳ぎますか。

男の子：川で。

1 これは何ですか。 **2** その川はどのくらい長いですか。

3 あなたは夏にどこで泳ぎますか。 **4** あなたはいつ泳ぎに行きますか。

解説 男の子は In the river.「川で。」と答えているので，場所について聞かれているとわかります。場所をたずねるときに使う疑問詞は Where ですね。

(19) 解答 2

男の子：あなたは何冊本を持っていますか。

女の子：たくさん持っています。私は読書が好きです。

1 お目にかかれてうれしいです。 **2** 私はたくさん持っています。

3 私は10歳です。 **4** おやすみなさい。

解説 How は後に続く単語によって How many「いくつ」，How much「いくら」，How old「何歳」などとさまざまな意味を表します。ノートに整理して書いておきましょう。

(20) 解答 2

女の子：あなたはバスケットボールをしますか。

男の子：はい，ぼくはします。

1 ぼくはしません **2** ぼくはします

3 それはします **4** ぼくはできません

解説 Yes と答えているので，**1**と**4**は違うとすぐにわかりましたか。Do you ～? と聞かれているので，正解は Yes, I do. です。

(21) 解答 3

正しい語順▶ (Welcome to our school).

解説 「ようこそ」と言うときには, Welcome to 〜. と言うのでしたね。お客さまを迎えるつもりで, 何回も言って慣れておきましょう。

(22) 解答 2

正しい語順▶ (My father doesn't have a car).

解説 通常の文のはじめには主語がくる, 主語は1語とは限らない, ということを思い出して答えます。

(23) 解答 1

正しい語順▶ (Lucy works at a zoo).

解説 Lucyが文の主語なのではじめにくる, ということにはもうすっかり慣れたでしょう。人の名前は文の途中に出てきても大文字で始めます。

(24) 解答 1

正しい語順▶ (Can I use your) pen?

解説 canを使った疑問文の作り方を思い出しましょう。文のはじめをCanにするのでしたね。

(25) 解答 3

正しい語順▶ (When is your sister's) birthday?

解説 「いつ」と聞くときはWhenで文を始めます。「あなたの妹さんの誕生日」を正しく並べられましたか。

リスニング第1部 🔊 62

No. 1　解答　2

🔊 63

Please buy some bread at the store.

1 You're a good singer.

2 **All right.**

3 I like red.

お店でパンを買ってきてね。
1 あなたはよい歌手ね。
2 わかったわ。
3 私は赤が好きよ。

解説 Pleaseは人に何かを頼むときなどに使います。

No. 2　解答　2

🔊 64

What time does the soccer game start?

1 Thank you.

2 **At six.**

3 He likes baseball.

サッカーの試合は何時に始まりますか。
1 ありがとう。
2 6時です。
3 彼は野球が好きです。

解説 時刻を聞かれているとわかりましたか。時刻を表す数字の前にatが付くこともしっかり覚えておきましょう。

No. 3　解答　1

Do you speak Japanese?

1 **Yes, a little.**

2 I see.

3 It's new.

あなたは日本語を話しますか。
1 はい，少し。
2 わかりました。
3 それは新しいです。

解説 Do you 〜?と聞かれたときは，Yes / Noで答えるのが基本でしたね。a littleは「少し」という意味です。Yes.とだけ答えると，とてもじょうずだと思われます。

No. 4　解答 2

🔊 66

What are you doing?

1 I'm reading a comic book.

2 **I'm studying.**

3 I'm taking a picture.

> あなたは何をしているの。
> **1** マンガを読んでいるよ。
> **2** 勉強しているよ。
> **3** 写真を撮っているよ。

解説 What are you doing?「何をしているのですか」は，単語が4つありますが，音で聞くとつながって聞こえます。耳をよく慣れさせましょう。

No. 5　解答 2

🔊 67

Can you ride a horse?

1 Good night.

2 **Yes, I can.**

3 It's five o'clock.

> あなたは馬に乗れますか。
> **1** おやすみなさい。
> **2** はい，乗れます。
> **3** 5時です。

解説 Can 〜?「〜できますか」と聞いています。canはほかに，Can I 〜?で「〜してもよいですか」と聞くときにも使います。

No. 6　解答 1

🔊 68

Where is the panda?

1 **By the tree.**

2 I like cheese.

3 It's hot today.

> パンダはどこにいますか。
> **1** 木のそばです。
> **2** ぼくはチーズが好きです。
> **3** 今日は暑いです。

解説 動物園でパンダのいる場所を聞いている場面です。場所の表し方はたくさんあるので，しっかり覚えましょう。

14
日目

実力完成模擬テスト

No. 7　解答　2

You have a big present.

1 In my room.

2 Today is my friend's birthday.

3 No, thanks.

大きなプレゼントを持っていますね。

1 私の部屋の中で。

2 今日は私の友だちの誕生日なの。

3 いいえ，けっこうです。

解説　話しかけられるのは質問ばかりとは限りません。さまざまな会話に慣れましょう。

No. 8　解答　3

Who is the man in this picture?

1 It's winter.

2 It's in the park.

3 It's my grandfather.

この写真の中の男の人はだれですか。

1 それは冬です。

2 それは公園の中です。

3 それは私の祖父です。

解説　Whoとたずねられているので，答えは人ですね。**1** が正解なら When「いつ」，**2** が正解なら Where「どこ」が使われていたでしょう。

No. 9　解答　3

Where are my glasses?

1 It's cold today.

2 Thank you.

3 Sorry, I don't know.

私のめがねはどこにあるかな。

1 今日は寒いわよ。

2 ありがとう。

3 ごめんね，わからないわ。

解説　聞かれたことに何でも答えられるわけではありません。答えを知らないときの言い方も覚えておきましょう。

No. 10 解答 3

Whose T-shirt is this?

1 Of course.

2 With my mother.

3 It's mine.

これはだれのＴシャツですか。

1 もちろん。

2 母_{はは}といっしょに。

3 ぼくのものです。

解説 Who は「だれ」，Whose は「だれの」と聞くときの表現_{ひょうげん}です。

リスニング第2部 🔊 73

No. 11 解答 1

🔊 74

★：Can you play the guitar, Susan?

☆：Yes, I can. I like music.

Question: What can Susan play?

★：あなたはギターが弾_ひけますか，スーザン。

☆：はい，弾_ひけます。私_{わたし}は音楽_{おんがく}が好_すきです。

質問_{しつもん}：スーザンは何_{なに}が弾_ひけますか。

1 ギター。　　　**2** ピアノ。　　　**3** バイオリン。　　**4** ドラム。

解説 選択肢_{せんたくし}の中_{なか}で，会話_{かいわ}に出_でてきた楽器_{がっき}はどれですか。答_{こた}えは**1**のギターです。選択肢_{せんたくし}に挙_あげられた単語_{たんご}はどれも英語_{えいご}の発音_{はつおん}が日本語_{にほんご}と違_{ちが}うので気_きをつけましょう。

No. 12 解答 3

🔊 75

☆：Let's go hiking.

★：Good idea! Let's have fun.

Question: Where are they going?

☆：ハイキングに行_いこうよ。

★：よい考_{かんが}えだね！　楽_{たの}しもう。

質問_{しつもん}：彼_{かれ}らはどこへ行_いきますか。

1 体育館_{たいいくかん}へ。　　**2** スーパーマーケットへ。　　**3** 山_{やま}へ。　　**4** 図書館_{としょかん}へ。

解説 質問文_{しつもんぶん}をよく理解_{りかい}する必要_{ひつよう}がある問題_{もんだい}です。2人_{ふたり}は「ハイキングに行_いく」と言_いっているので，答_{こた}えは**3**の「山_{やま}へ」です。

No. 13 解答 2　🔊 76

☆：This pen is one hundred and fifty yen.

★：I'm lucky. I have two hundred yen today.

Question: How much is the pen?

☆：このペンは150円です。

★：ぼくは運がよい。今日は200円持っている。

質問：ペンはいくらですか。

1 100円。　　**2** 150円。　　**3** 200円。　　**4** 250円。

解説 会話の中に2つ数が出てきましたね。質問文をよく聞いて，何の値段を聞いているのかをつかみましょう。

No. 14 解答 1　🔊 77

★：Judy, which do you want, roses or tulips?

☆：I want roses.

Question: What flower does Judy want?

★：ジュディ，あなたはバラとチューリップ，どちらがほしいですか。

☆：私はバラがほしいです。

質問：ジュディは何の花がほしいですか。

1 彼女はバラがほしいです。　　　　**2** 彼女はリンゴがほしいです。

3 彼女はチューリップがほしいです。　**4** 彼女はバナナがほしいです。

解説 会話の中ではrosesとtulipsの2つの花の名前が出てきます。質問文をよく理解して，どちらが正解なのかを聞き取る問題です。

No. 15 解答 2　🔊 78

☆：When is your birthday, Henry?

★：It's October 10th.

Question: When is Henry's birthday?

☆：あなたの誕生日はいつなの，ヘンリー。

★：10月10日だよ。

質問：ヘンリーの誕生日はいつですか。

1 9月9日。　　**2** 10月10日。　　**3** 11月11日。　　**4** 12月12日。

解説 曜日や月の言い方の問題はほぼ毎回出題されるので，自信を持って試験に臨めるように準備しておきましょう。

No. 16 解答 2　🔊 80

1 A mouse is eating chocolate.

2 A mouse is eating cheese.

3 A mouse is eating ice cream.

> **1** ネズミはチョコレートを食べています。
> **2** ネズミはチーズを食べています。
> **3** ネズミはアイスクリームを食べています。

解説 音の違うところが意味の違うところなので，しっかり聞き分けましょう。絵と合う**2**を選びます。

No. 17 解答 1　🔊 81

1 I have my tennis lesson on Thursday.

2 I have my tennis lesson on Wednesday.

3 I have my tennis lesson on Tuesday.

> **1** 私は木曜日にテニスのレッスンがあります。
> **2** 私は水曜日にテニスのレッスンがあります。
> **3** 私は火曜日にテニスのレッスンがあります。

解説 曜日の言い方にはもう十分慣れましたか。TuesdayとThursdayは聞き分けが難しいですね。何回も聞いて音に慣れましょう。

No. 18 解答 1　🔊 82

1 Tom washes the dishes after dinner.

2 Tom reads a book after dinner.

3 Tom watches TV after dinner.

> **1** トムは夕食後にお皿を洗います。
> **2** トムは夕食後に本を読みます。
> **3** トムは夕食後にテレビを見ます。

解説 夕食後に何をするのかを聞き取ります。「洗う」はwashで，主語がトムなのでwashesとなります。

14
日目

実力完成模擬テスト

No. 19 解答 3 ◁)) 83

1 The monkey is on the tree.
2 The monkey is in the tree.
3 The monkey is under the tree.

> **1** サルは木の上にいます。
> **2** サルは木の中にいます。
> **3** サルは木の下にいます。

解説 位置を言い表す表現の違いを聞き取る問題です。絵を見て、どんな英語が聞こえてくるか、予想することも大切です。

No. 20 解答 2 ◁)) 84

1 Bill likes singing.
2 Bill likes reading.
3 Bill likes fishing.

> **1** ビルは歌うことが好きです。
> **2** ビルは読むことが好きです。
> **3** ビルは釣りをすることが好きです。

解説 ビルが何をするのが好きなのかを聞き取ります。絵から内容が予測できましたか。

No. 21 解答 2 ◁)) 85

1 Mary is dancing.
2 Mary is listening to music.
3 Mary is eating.

> **1** メアリーは踊っています。
> **2** メアリーは音楽を聞いています。
> **3** メアリーは食べています。

解説 メアリーが何をしているのかを聞き取ります。音楽に関わる問題はよく出題されるので、楽器の名前なども覚えておきましょう。

No. 22　解答　3

1　Henry is one hundred and thirty centimeters tall.

2　Henry is one hundred and forty centimeters tall.

3　Henry is one hundred and fifty centimeters tall.

> 1　ヘンリーは身長が130センチです。
> 2　ヘンリーは身長が140センチです。
> 3　ヘンリーは身長が150センチです。

解説　数を聞き取る問題です。first「1番目の」，second「2番目の」など順序を表す言い方もあわせて確認しておきましょう。

No. 23　解答　2

1　Ellie is using a camera.

2　Ellie is using a computer.

3　Ellie is using a knife.

> 1　エリーはカメラを使っています。
> 2　エリーはコンピューターを使っています。
> 3　エリーはナイフを使っています。

解説　毎日使ういろいろなものを英語でも聞いてわかるようにしましょう。カタカナ語の中には，英語の発音とずいぶん違うものもありますね。

No. 24　解答　3

1　John is a farmer.

2　John is a driver.

3　John is a firefighter.

> 1　ジョンは農業家です。
> 2　ジョンは運転手です。
> 3　ジョンは消防士です。

解説　思いつく職業の名前をどんどん言ってみましょう。自信につながりますよ。言い方がわからない職業はすぐに調べましょう。

No. 25 解答 2   89

1 Go and wash your hair.

2 Go and wash your hands.

3 Go and wash your face.

1 行って髪の毛を洗いなさい。

2 行って手を洗いなさい。

3 行って顔を洗いなさい。

解説 イラストのような子を見れば，だれでも「手を洗ってきなさい」と言いたくなりますね。

MEMO

MEMO

旺文社の英検®書

☆ 一発合格したいなら「全問＋パス単」！

旺文社が自信を持っておすすめする王道の組み合わせです。

過去問集
過去問で出題傾向をしっかりつかむ！
英検® 過去6回全問題集 1〜5級
[音声アプリ対応] [音声ダウンロード] [別売CDあり]

単熟語集
過去問を徹底分析した「でる順」！
英検® でる順パス単 1〜5級
[音声アプリ対応] [音声ダウンロード]

模試
本番形式の予想問題で総仕上げ！
7日間完成 英検® 予想問題ドリル 1〜5級
[CD付] [音声アプリ対応]

参考書
申し込みから面接まで英検のすべてがわかる！
英検® 総合対策教本 1〜5級
[CD付]

問題集
大問ごとに一次試験を集中攻略！
DAILY英検® 集中ゼミ 1〜5級
[音声アプリ対応] [音声ダウンロード]

二次対策
動画で面接をリアルに体験！
英検® 二次試験・面接完全予想問題 1〜3級
[DVD＋CD付] [音声アプリ対応]

このほかにも多数のラインナップを揃えております。

 旺文社の英検® 合格ナビゲーター
https://eiken.obunsha.co.jp/
英検合格を目指す方のためのウェブサイト。
試験情報や級別学習法, おすすめの英検書を紹介しています。

※英検®は、公益財団法人 日本英語検定協会の登録商標です。

株式会社 旺文社　〒162-8680　東京都新宿区横寺町55
https://www.obunsha.co.jp/

【注意事項】

①解答にはHBの黒鉛筆(シャープペンシルも可)を使用し，解答を訂正する場合には消しゴムで完全に消してください。

②解答用紙は絶対に汚したり折り曲げたり，所定以外のところへの記入はしないでください。

③マーク例

良い例	悪い例
●	◐ ✕ ◑

■ これ以下の濃さのマークは読めません。

解答欄

問題番号	1	2	3	4
(1)	①	②	③	④
(2)	①	②	③	④
(3)	①	②	③	④
(4)	①	②	③	④
(5)	①	②	③	④
(6)	①	②	③	④
(7)	①	②	③	④
1 (8)	①	②	③	④
(9)	①	②	③	④
(10)	①	②	③	④
(11)	①	②	③	④
(12)	①	②	③	④
(13)	①	②	③	④
(14)	①	②	③	④
(15)	①	②	③	④

解答欄

問題番号	1	2	3	4
(16)	①	②	③	④
(17)	①	②	③	④
2 (18)	①	②	③	④
(19)	①	②	③	④
(20)	①	②	③	④
(21)	①	②	③	④
(22)	①	②	③	④
3 (23)	①	②	③	④
(24)	①	②	③	④
(25)	①	②	③	④

リスニング解答欄

問題番号	1	2	3	4
No. 1	①	②	③	
No. 2	①	②	③	
No. 3	①	②	③	
No. 4	①	②	③	
第1部 No. 5	①	②	③	
No. 6	①	②	③	
No. 7	①	②	③	
No. 8	①	②	③	
No. 9	①	②	③	
No. 10	①	②	③	
No. 11	①	②	③	④
No. 12	①	②	③	④
第2部 No. 13	①	②	③	④
No. 14	①	②	③	④
No. 15	①	②	③	④
No. 16	①	②	③	
No. 17	①	②	③	
No. 18	①	②	③	
No. 19	①	②	③	
No. 20	①	②	③	
第3部 No. 21	①	②	③	
No. 22	①	②	③	
No. 23	①	②	③	
No. 24	①	②	③	
No. 25	①	②	③	

キリトリ線